AIRBUS A320
Abnormale Betriebsverfahren

Dies dient ausschließlich zu Trainings- und Unterhaltungszwecken. Für den realen Flugbetrieb konsultieren Sie bitte die Airbus-Handbücher.

Conforti, Facundo Jorge
/ Facundo Jorge Conforti. - 1a ed. - Mar del Plata : Facundo Jorge Conforti, 2019.
190 p. ; 21 x 14 cm. - (How does it work? ; 19)

1. Aeronáutica. 2. Inglés Técnico. 3. Enseñanza de la Traducción. I. Título.
CDD 420.7

Urheberrecht © Facundo Conforti, 2024.

Der gesetzlich vorgeschriebene Hinterlegungsvermerk gemäß Gesetz 11.723 wurde vorgenommen.

Buchausgabe: Argentinien.

Die vollständige oder teilweise Vervielfältigung, Speicherung, Vermietung, Übertragung oder Bearbeitung dieses Buches in jeglichem Format oder mit jeglichem Medium, sei es elektronisch oder mechanisch, einschließlich Fotokopien, Digitalisierung oder anderer Methoden, ist ohne vorherige schriftliche Genehmigung des Herausgebers nicht gestattet. Verstöße werden gemäß den Gesetzen 11.723 und 25.446 geahndet.

Einleitung

In dieser Ausgabe werden wir alles über die abnormen Betriebsverfahren eines der meistverkauften und am häufigsten eingesetzten Passagierflugzeuge in der kommerziellen Luftfahrt erfahren. Wir werden alles über den fantastischen Airbus A320 lernen. Wir werden die abnormen Betriebsverfahren der Hauptsysteme des Flugzeugs untersuchen.

Wie jedes dieser Systeme funktioniert und wie es von den Piloten über die Steuerpulte im Cockpit bedient wird. Ein praktischer, lehrreicher und unterhaltsamer Leitfaden für alle Fachleute, die kurz davor stehen, den Airbus A320 zu fliegen, oder für jeden Fachmann, der sein Wissen erweitern möchte! Diese Ausgabe der prestigeträchtigsten Sammlung in Lateinamerika wird den Unterschied im Lernen der Flugzeugsysteme ausmachen.

Capt. Facundo Conforti

Dies dient ausschließlich zu Trainings- und Unterhaltungszwecken. Für den realen Flugbetrieb konsultieren Sie bitte die Airbus-Handbücher.

Inhaltsverzeichnis

Kapitel 1 – Abnormale Betriebsverfahren I

Auxiliary Power Unit (APU)	09
Pneumatisches System	15
Elektrisches System	23
Klimaanlagensystem	37

Kapitel 2 – Abnormale Betriebsverfahren II

Türsystem	47
Hydrauliksystem	58
Navigationssystem	70

Kapitel 3 – Abnormale Betriebsverfahren III

Triebwerksystem	81
Eis- und Regen Abnormalität	91
Feuerlöschsystem Abnormalität	94
Kommunikationsabnormalitäten	100

Kapitel 4 – Abnormale Betriebsverfahren IV

Unregelmäßiger Betrieb des Fahrwerks	105
EIS ECAM Unregelmäßiger Betrieb	110
Belüftungssystem	113
Belüftungsdruck Abnormale Operation	119
Flugsteuerung Abnormale Operation	123

Kapitel 5 – Abnormale Betriebsverfahren V

FCU (Flight Control Unit) Fehler	135
Unzuverlässige Geschwindigkeit	141
Radioaltimeter 1+2 Fehler	144
IR 1+2+3 Fehler	147
Slats / Flaps Fehler oder Blockierung	152

Kapitel 1

Abnormale Betriebsverfahren I

Dies dient ausschließlich zu Trainings- und Unterhaltungszwecken. Für den realen Flugbetrieb konsultieren Sie bitte die Airbus-Handbücher.

APU Abnormale Betriebsverfahren

Wenn die APU (Auxiliary Power Unit) ausfällt, verliert das Flugzeug zusätzliche elektrische und pneumatische Energie. In diesem Fall müssen die Piloten schnell handeln, um den Fehler so schnell wie möglich zu beheben. Üblicherweise fällt die APU beim Start aus. Wenn das System den Ausfall erkennt, wird der „Master Caution"-Alarm ausgelöst, um die Piloten zu warnen. Es handelt sich nicht um eine Notfallsituation, aber es erfordert Handlungen der Piloten.

Dies ist eine Demonstration eines automatischen APU Abschaltens aufgrund einer hohen EGT (Exhaust Gas Temperature). Sie haben die Landebahn verlassen und möchten die APU starten. Lassen Sie uns die APU mit dem MASTER SW pb einschalten und sehen, was passiert!

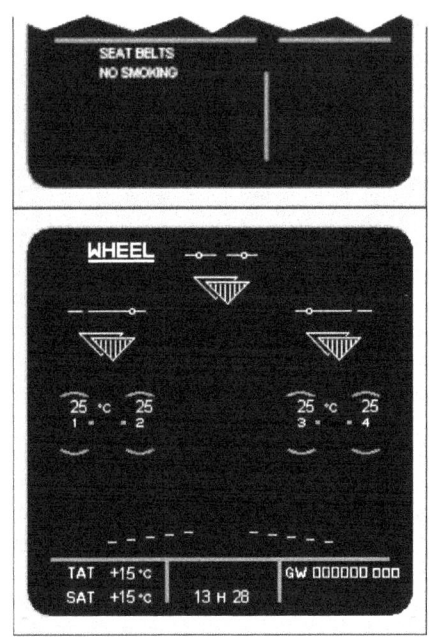

Nun wählen Sie den APU START pb Schalter, um ihn EIN zu schalten.

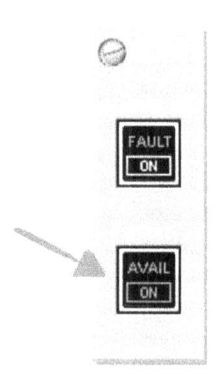 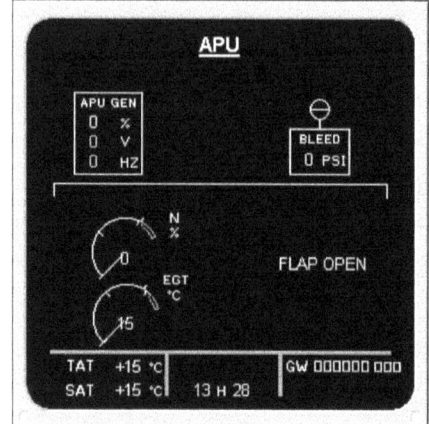

Die Prozedur wird abgeschlossen. Das APU-System wird normal gestartet. Plötzlich wird der MC-Alarm ausgelöst!

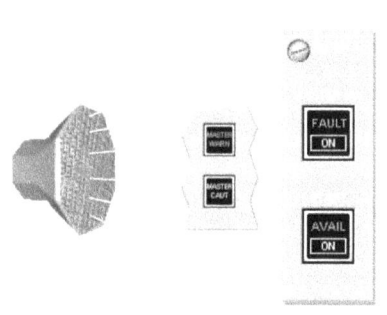 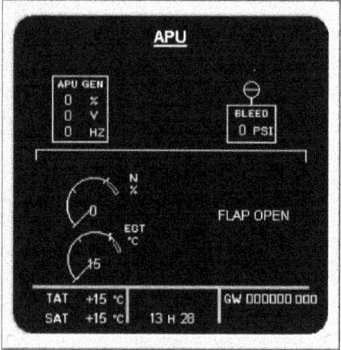

Das System hat einen Fehler während des Startvorgangs erkannt, und der MC-Alarm wurde ausgelöst, um die Piloten zu warnen. Lassen Sie uns das ECAM überprüfen. Auf dem E/WD (Engine/Warning Display) können Sie den Titel des Fehlers ablesen. Die ECAM APU-Seite wird automatisch angezeigt.

Wie wir sehen, zeigt die gelbe (amber) Nachricht auf dem E/WD den Fehler und die erforderliche Handlung an. Die ECAM-Warnung „APU AUTO SHUTDOWN" erscheint in gelb, um  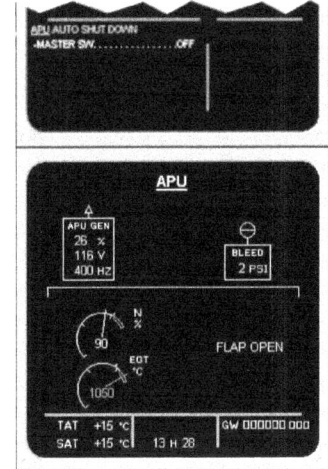 anzuzeigen, dass die APU ein automatisches Abschalten eingeleitet hat. Dies geschieht, weil die EGT (Abgastemperatur) den maximalen Grenzwert überschritten hat. Beachten Sie die rote EGT-Anzeige auf der ECAM APU-Seite.

Auf dem APU-Steuerpult ist die FAULT-Leuchte am MASTER-Schalter eingeschaltet:

- Dies ermöglicht eine Überprüfung des ECAM-Systems,
- und zeigt den Druckknopf an, der gemäß der Prozedur aktiviert werden muss.

Wie Sie sehen können, hat die APU sich selbst abgeschaltet. Ein automatisches Abschalten kann auch aus anderen Gründen auftreten, wie zum Beispiel Überschreiten der Geschwindigkeit, langsamer Start, niedriger Öldruck usw. Jetzt ist der Startknopf nicht verfügbar.

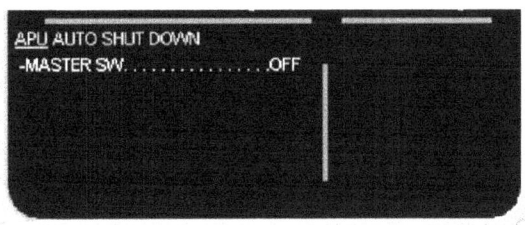

11

Der PF (Pilot Flying) wird Sie auffordern, die ECAM-Maßnahmen durchzuführen.

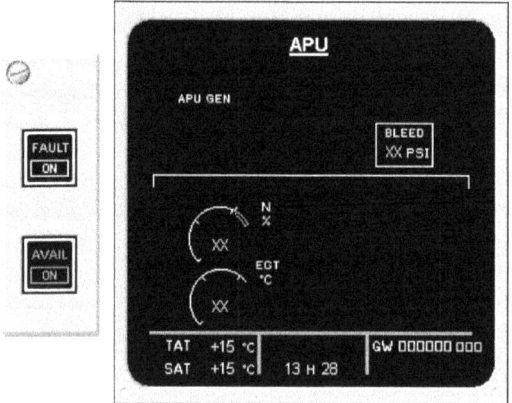

Beachten Sie, dass das blaue „ON"-Licht am MASTER SW pb und die „FLAP OPEN"-Anzeige auf dem ECAM verschwunden sind, was darauf hinweist, dass die APU-Klappe vollständig geschlossen ist. Die abnormale Prozedur ist abgeschlossen, das APU-System wurde analysiert.

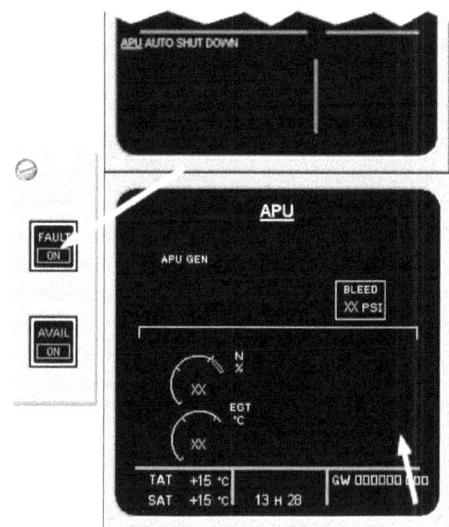

Nach Überprüfung und Bestätigung durch den PF überprüfen Sie den STATUS. Die STATUS-Seite wird angezeigt. Das inoperative System ist die APU, und die FAULT-Nachricht in Gelb wird auf dem Master-Schalter angezeigt.

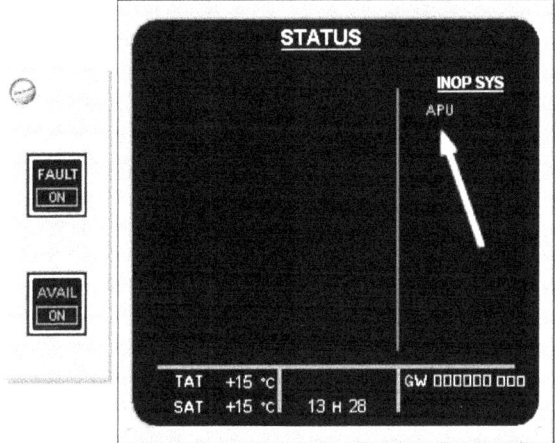

ECAM-Maßnahmen abgeschlossen. Die STS-Erinnerung wird auf dem E/WD angezeigt. Hinweis: Der Schutz vor automatischem Abschalten ist während des gesamten Fluges aktiv.

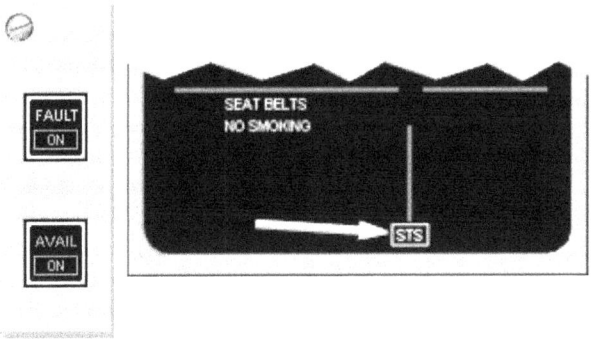

Schauen wir uns nun eine Situation an, die ähnlich wie ein APU AUTO SHUTDOWN ist, aber kritischer – das APU EMERGENCY SHUTDOWN. Wenn in derselben Situation ein APU-Brand am Boden erkannt wird, tritt ein APU EMER SHUTDOWN auf, und die APU-Feuerlöscherflasche wird automatisch entleert (beides ohne Handeln der Besatzung). Dies passiert jedoch nicht im Flug. Ein

APU Notabschalten tritt auch ein:

• Wenn der APU SHUT OFF pb auf dem externen Stromversorgungs-Panel gedrückt wird.

• Oder wenn der APU FIRE pb auf dem FIRE-Panel gedrückt wird.

In beiden Fällen wird die Feuerlöscherflasche jedoch nicht automatisch entleert.

Am Boden:

• Ein APU AUTO SHUT DOWN tritt aus einem anderen Grund als einem Brand auf oder wenn APU-Parameter überschritten werden.

• Wenn ein Brand erkannt wird, tritt ein APU EMER SHUT DOWN mit automatischer Löschung auf.

Im Flug:

• Ein APU AUTO SHUT DOWN tritt aus denselben Gründen auf.

• Wenn ein Brand vorliegt, wird die APU EMER SHUT DOWN-Prozedur am Ende der APU FIRE-Prozedur angezeigt. Es gibt keine automatische Löschung.

Nun schauen wir uns die verbleibenden Anzeigen an, die auf der ECAM-Seite erscheinen könnten.

Die LOW OIL LEVEL-Warnung blinkt grün, wenn der APU-Ölstand seinen Mindestwert erreicht. Hinweis: Der Mindeststand ermöglicht einen normalen APU-Betrieb für weitere 60 Stunden.

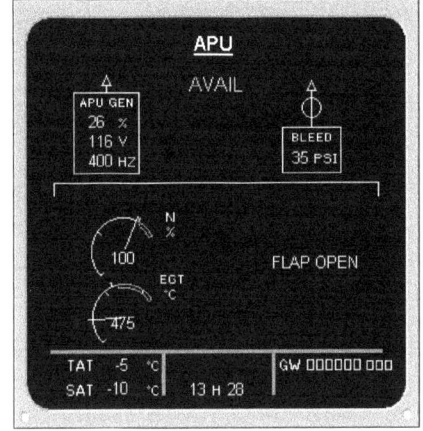

Beim Starten der APU erscheint die FUEL LO PR-Anzeige in Gelb, wenn ein niedriger Kraftstoffdruck an der APU erkannt wird. Hinweis: Obwohl diese Nachricht in Gelb erscheint, handelt es sich um eine Warnung.

Pneumatisches System

Wenn das Pneumatiksystem ausfällt, sind ein oder beide Triebwerksblutungen betroffen. Wir werden eine ENG 1 BLEED FAULT aufgrund einer Überhitzung demonstrieren. Angenommen, Sie sind der nicht-fliegende Pilot. Sie befinden sich im Reiseflug, und alles ist normal, als plötzlich der MC-Alarm ausgelöst wird.

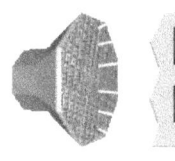

Das ENG 1 BLEED-System ist ausgefallen. Auf der BLEED-System-Seite, die automatisch angezeigt wird, wird die Bleed-Lufttemperatur in Gelb angezeigt, weil sie abnorm hoch ist. Dies ist der Grund für den Ausfall.

15

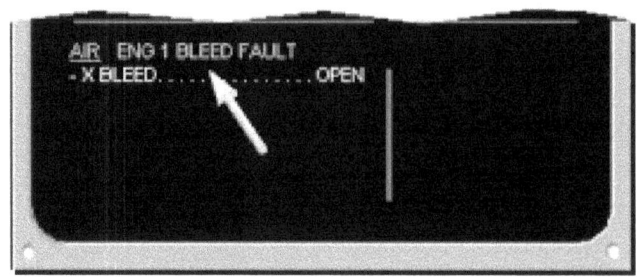

Das gelbe FAULT-Licht am ENG 1 BLEED pb Schalter bestätigt den Fehler.

Der BMC (Bleed Monitoring Computer) erkennt die Überhitzung und schließt automatisch das ENG 1 BLEED-Ventil, um das System zu schützen. Mit dem geschlossenen Ventil fällt der BLEED-Druck auf 0 und die Temperatur sinkt. Das ENG 1 BLEED-System ist nicht mehr verfügbar.

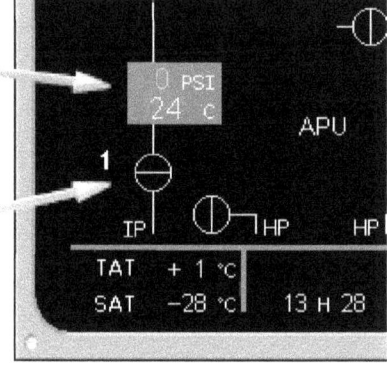

Beachten Sie, dass das FAULT-Licht am ENG 1 BLEED pb Schalter weiterhin leuchtet, obwohl die Temperatur nun im normalen Bereich liegt. Dies liegt daran, dass der BMC das ENG 1 BLEED-System als fehlerhaft betrachtet und das ENG 1 BLEED-Ventil für den Rest des Fluges geschlossen hält. Der PF wird Sie auffordern, die ECAM-Maßnahmen durchzuführen.

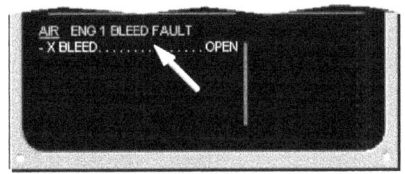

Der PF stellt X-BLEED auf OPEN am ÜBERHEAD PANEL ein. Danach beobachten Sie das ECAM.

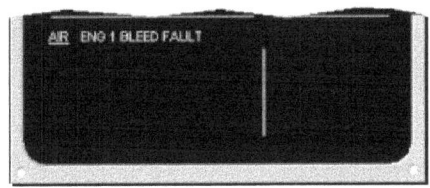

Das X-BLEED-Ventil wird während des Übergangs in Gelb angezeigt und in grün, wenn es vollständig geöffnet ist. Die Druck- und Temperaturwerte für die linke Seite des Systems sind wieder normal, da jetzt beide Seiten von Triebwerk 2 versorgt werden. Die Nachricht auf dem E/WD bleibt jedoch weiterhin in Gelb.

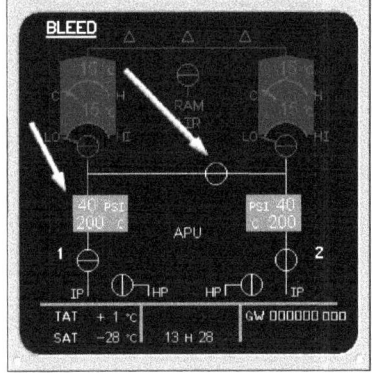

Nach den ECAM-Maßnahmen überprüfen Sie den STATUS. Wenn Sie die Flügelenteisung (wing anti-ice) verwenden müssen, müssen Sie eine

Klimaanlagenpackung abschalten. Wir werden uns später mit diesem Punkt befassen. In der Spalte der inaktiven Systeme wird **ENG 1 BLEED** aufgeführt.

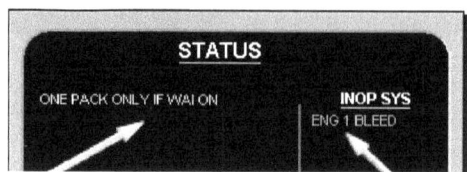

Nun sehen wir uns an, was passiert, wenn Sie die Flügelenteisung mit der immer noch inaktiven ENG 1 Bleed verwenden müssen. Angenommen, Sie begegnen Vereisungsbedingungen während des verbleibenden Teils Ihres Fluges und entscheiden sich, die Flügelenteisung einzuschalten. Nach dem Einschalten der Flügelenteisung wird der MC-Alarm ausgelöst.

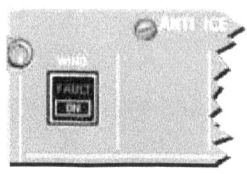

Die ENG 1 BLEED FAULT-Prozedur wird automatisch auf dem E/WD aufgerufen und die ECAM-Prozedur fordert Sie auf, Pack 1 auszuschalten. Dies liegt daran, dass ein ENG BLEED-System nicht ausreicht, um gleichzeitig die Flügelenteisung und beide Klimaanlagenpakete zu versorgen.

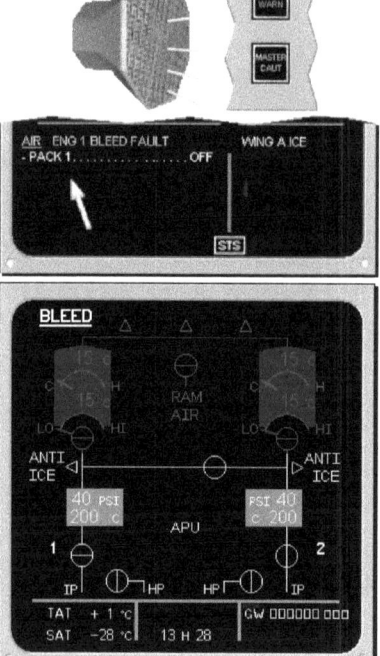

Auf der STATUS-Seite wurde PACK 1 zur Spalte der inaktiven Systeme hinzugefügt. Nach Überprüfung und Bestätigung durch den PF...

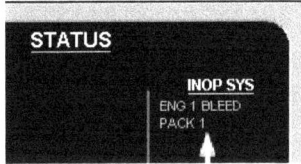

Auf dem AIR COND-Panel bleiben die Indikationen des vorherigen Fehlers unverändert.

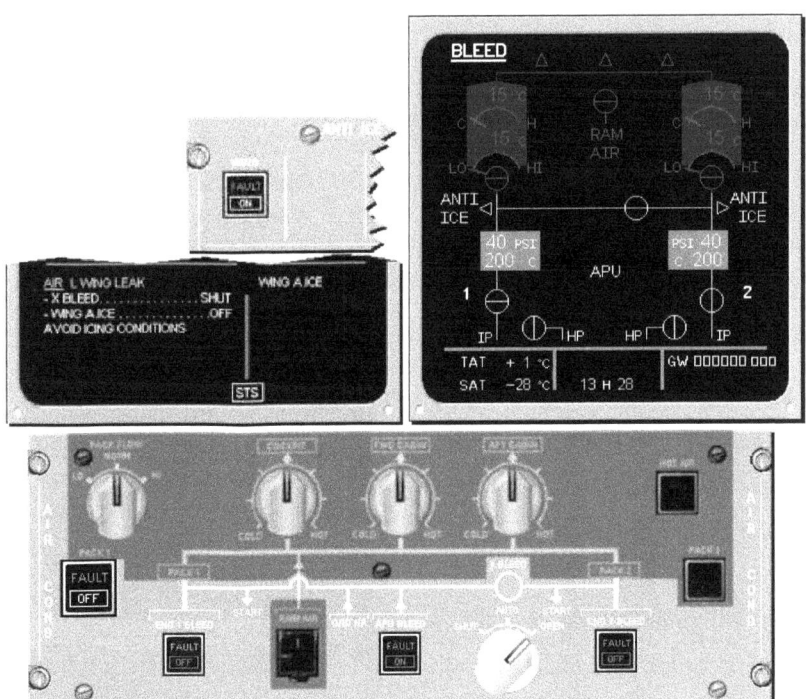

Der Titel des Fehlers zeigt an, dass ein Luftleck in der linken Tragfläche erkannt wurde. Die linke Seite des Bleed-Systems muss abgeschaltet werden, um

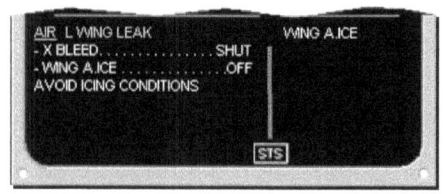

Schäden durch das austretende heiße Luft zu vermeiden. Die erste Zeile der ECAM-Prozedur fordert Sie auf, den X BLEED-Wahlschalter auf die Position „SHUT" zu stellen. Mit dem Wahlschalter in der „AUTO"-Position wäre das X BLEED-Ventil automatisch geschlossen worden, aber denken Sie daran, dass Sie es im vorherigen Verfahren manuell geöffnet haben. Der PF wird Sie auffordern, die ECAM-Maßnahmen durchzuführen.

X-BLEED SHUT!

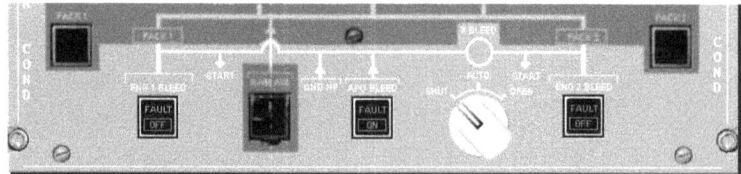

Beobachten Sie die Anzeigen:
- Das X BLEED-Ventil schließt.
- Der Druck im BLEED-System 1 fällt auf 0.
- Da keine heiße Luft mehr zugeführt wird, wird die Anzeige des linken Flügelenteisungsventils in Gelb angezeigt. (Die Anzeigen der Flügelenteisung werden in einem späteren Modul weiter erklärt.).

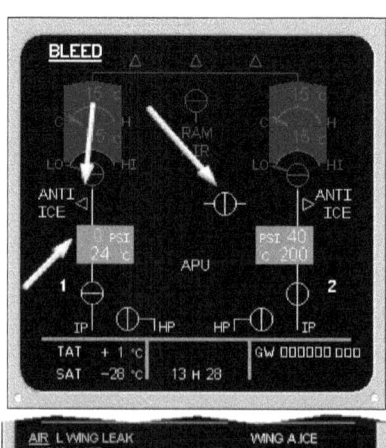

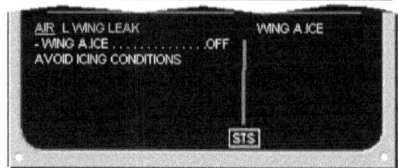

Die Flügelenteisung wurde abgeschaltet, da Sie nicht nur einen Flügel enteisen möchten. Die ECAM empfiehlt, Vereisungsbedingungen für den verbleibenden Teil des Fluges zu vermeiden. Die STATUS-Seite informiert Sie ebenfalls, dass Sie Vereisungsbedingungen vermeiden müssen. Die WING ANTI ICE wird zur Spalte der inaktiven Systeme hinzugefügt. ENG 1 BLEED und PACK 1 bleiben von der vorherigen Störung bestehen.

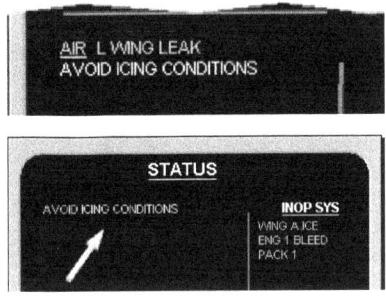

Nun werden wir einen kurzen Blick auf verschiedene Abnormalitäten werfen, ohne die Verfahren durchzuführen, um die verbleibenden Anzeigen des Pneumatiksystems zu sehen. In normalem Betrieb öffnet sich das X BLEED-Ventil automatisch, wenn Sie APU BLEED verwenden. Sollte es versagen zu öffnen, erscheint eine ECAM-Warnung, und das X BLEED-Ventil wird in der Querschnitt-Anzeige in Gelb dargestellt, um eine Uneinigkeit anzuzeigen.

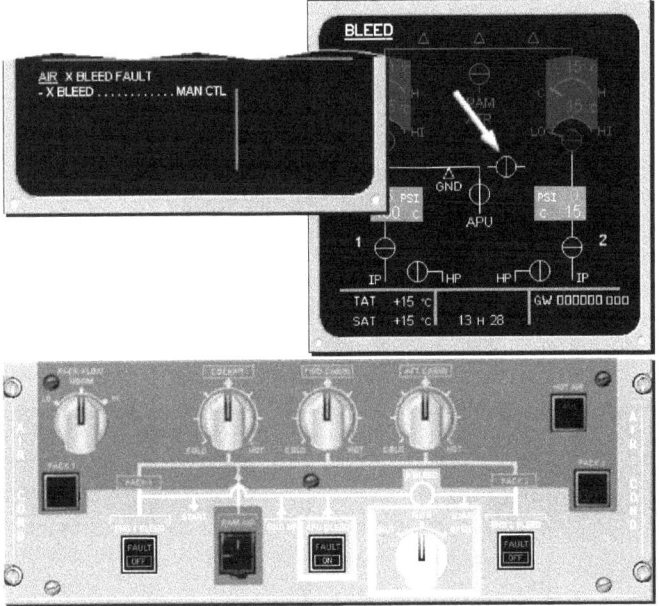

Im umgekehrten Fall, wenn das X BLEED-Ventil im Automatikmodus nicht schließt, z. B. nachdem APU BLEED ausgeschaltet wurde, wird es in der Querschnitt-Anzeige in Gelb angezeigt, begleitet von einer ECAM-Warnung.

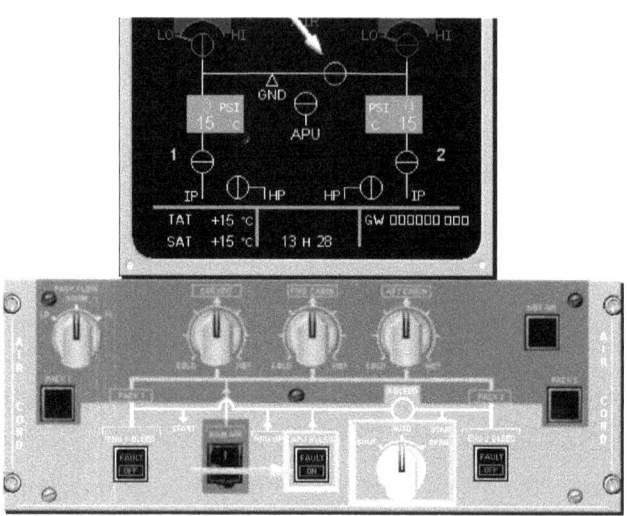

Entsprechend werden die Triebwerksblutungsventile und die HP-Ventile in Gelb angezeigt, wenn ihre Position nicht mit der normalen Position übereinstimmt.

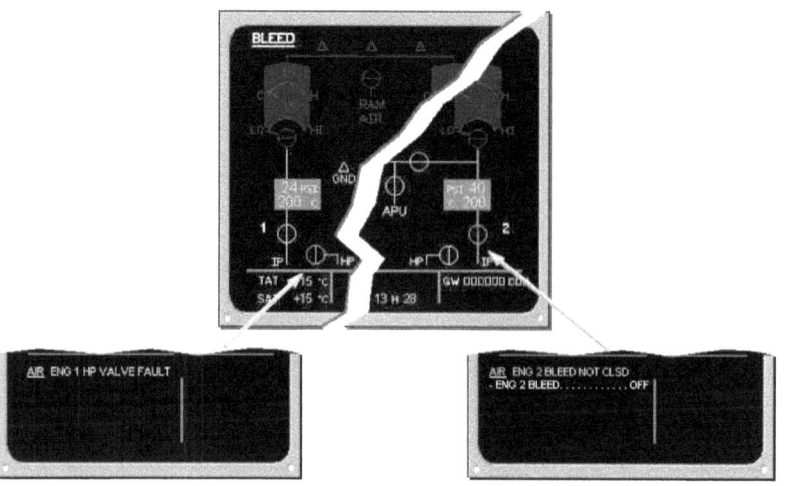

Elektrische Abnormale Betriebsverfahren

Elektrische Störungen gehören zu den gefährlichsten Situationen im A320 und erfordern besondere Aufmerksamkeit durch die Piloten. Wir beginnen mit einer IDG OIL LOW PRESSURE-Störung. Angenommen, Sie sind der PNF. Sie befinden sich im Flug, und alles ist normal, als plötzlich der MC-Alarm ausgelöst wird!

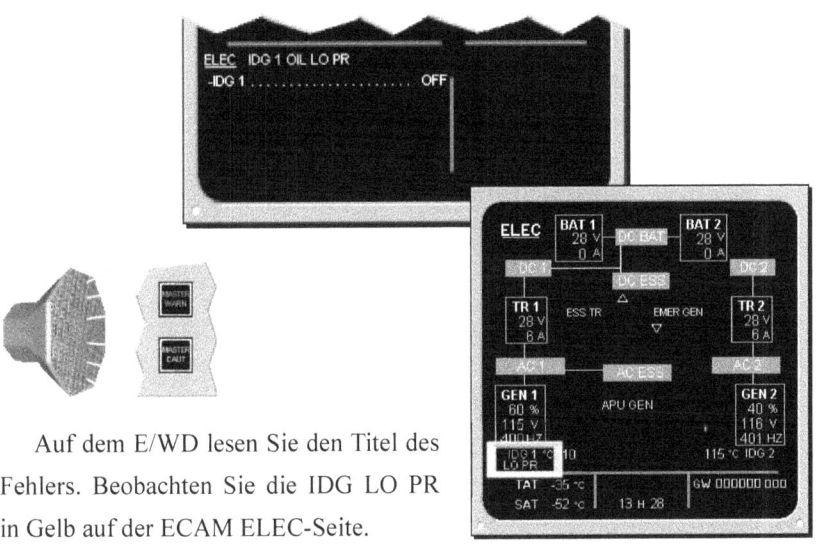

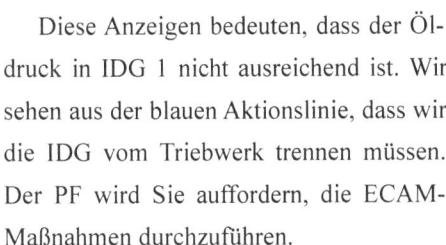

Auf dem E/WD lesen Sie den Titel des Fehlers. Beobachten Sie die IDG LO PR in Gelb auf der ECAM ELEC-Seite.

Beachten Sie das leuchtende IDG 1 FAULT-Licht auf dem ELEC-Panel.

Diese Anzeigen bedeuten, dass der Öldruck in IDG 1 nicht ausreichend ist. Wir sehen aus der blauen Aktionslinie, dass wir die IDG vom Triebwerk trennen müssen. Der PF wird Sie auffordern, die ECAM-Maßnahmen durchzuführen.

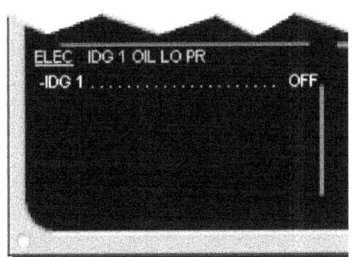

Der pb sw guard ist oben, nun können Sie IDG 1 trennen.

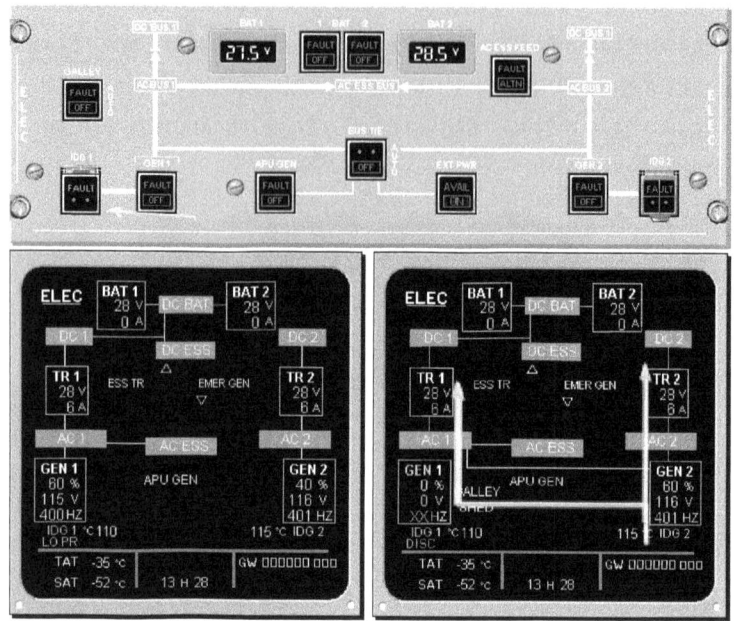

Wie Sie sehen können, hat Generator 2 automatisch die Versorgung übernommen und versorgt jetzt das gesamte elektrische Netzwerk. Auf der ECAM ELEC-Seite wurde das gelbe DISC-Symbol angezeigt, das das vorherige LO PR ersetzt, was bedeutet, dass IDG 1 nun getrennt ist. Die IDG-Nummer ist in Weiß, um anzuzeigen, dass Triebwerk 1 noch läuft. Schauen wir uns nun die GEN 1-Anzeigen an:

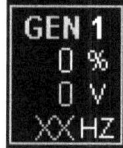

- **GEN** in Gelb bedeutet, dass Generator 1 abnormale Parameter hat.
- **1** in Weiß bedeutet, dass Triebwerk 1 noch läuft.
- **0% Last** in Grün bedeutet, dass die Last noch im normalen Bereich liegt.
- **0 Volt** in Gelb bedeutet, dass die Spannung außerhalb des normalen Bereichs liegt.
- Gelbe „X"-Symbole bedeuten, dass keine Frequenz erkannt wird.

Das gelbe FAULT-Licht im GEN 1 pb Schalter bedeutet, dass GEN 1 das System nicht mehr versorgt.

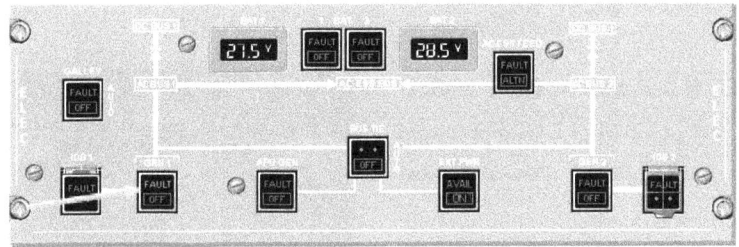

Neben dem **GEN 1**-Feld erscheint eine weiße **GALLEY SHED**-Anzeige, was bedeutet, dass das System automatisch die Galley-Ausrüstung abgeschaltet hat, um die Last auf dem verbleibenden Generator zu verringern.

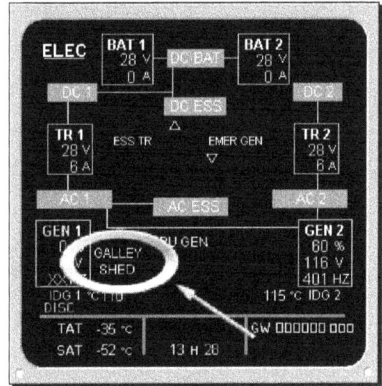

Die **STATUS-Seite** wird zur Überprüfung angezeigt. Eine grüne Nachricht informiert uns, dass der APU-Generator bis FL 390 verfügbar ist, falls wir die APU als Backup verwenden möchten. Sie können in der Spalte der inaktiven Systeme sehen, dass **GEN 1** und die **MAIN GALLEY** jetzt inaktiv sind.

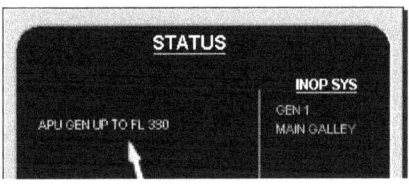

Sie haben eine IDG-Öldruck-Fehlfunktion studiert. Nun sehen wir uns einen GEN 2 OVERLOAD-Fehler an. Angenommen, wir

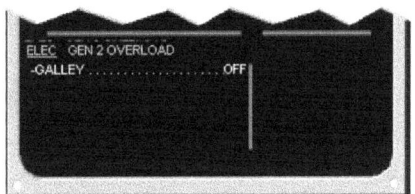

25

befinden uns im Flug ohne vorherige Fehler. Plötzlich wird der MC-Alarm ausgelöst. Auf dem E/WD lesen Sie den Titel des Fehlers.

Beachten Sie:

GEN und **Lastanzeigen** in Gelb auf der ECAM ELEC-Seite, die darauf hinweisen, dass die Last abnorm ist.

Das **GALLEY FAULT**-Licht ist auf dem ELEC-Panel eingeschaltet, um Ihnen beim Auffinden des Schalters zu helfen. (Die Galley wird abgeschaltet, um die Last zu reduzieren.)

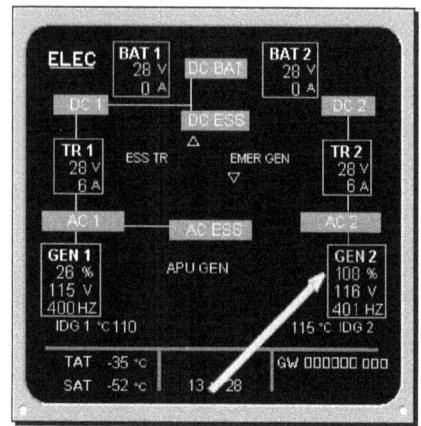

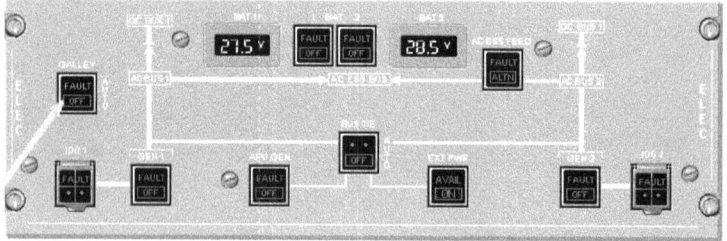

Nach Durchführung der ECAM-Maßnahmen ist die Galley AUS und das System tendiert dazu, sich zu normalisieren.

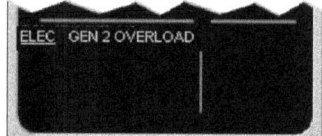

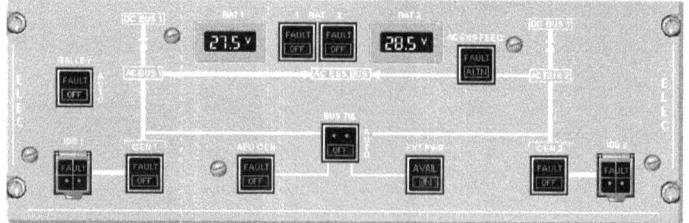

Beachten Sie, dass kein FAULT-Licht im GEN 2 pb Schalter leuchtet, da der Generator immer noch den AC Bus 2 versorgt. Jetzt können Sie auf der ECAM ELEC-Seite sehen:

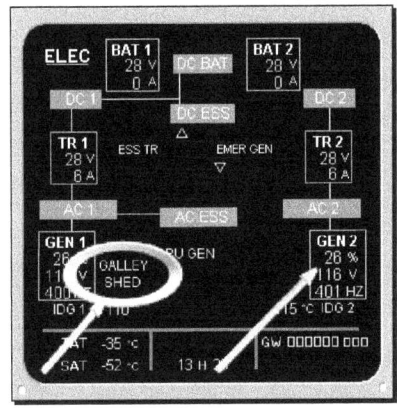

• Die GALLEY SHED-Anzeige ist erschienen.

• Die GEN 2 Last ist wieder auf einem normalen Wert.

Im nächsten Schritt werden wir uns einen AC BUS 1-Fehler anschauen. Angenommen, wir befinden uns im Flug ohne vorherige Fehler. Autopilot 1 und Autothrust sind aktiviert. Lassen Sie uns zuerst die ECAM ELEC-Seite überprüfen. Wie Sie bereits wissen, versorgt AC Bus 1 normalerweise:

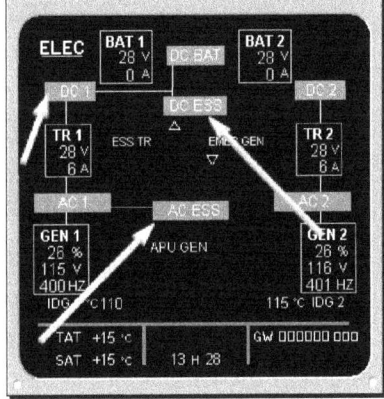

• AC ESS Bus und
• DC Bus 1, der wiederum den DC ESS Bus versorgt.

Wenn Sie AC Bus 1 verlieren, gehen diese gleichen Busse ebenfalls verloren. Die wesentlichen Busse können mit dem AC ESS FEED pb Schalter wiederhergestellt werden. Dies werden wir nun demonstrieren. Aktivieren wir den Fehler!

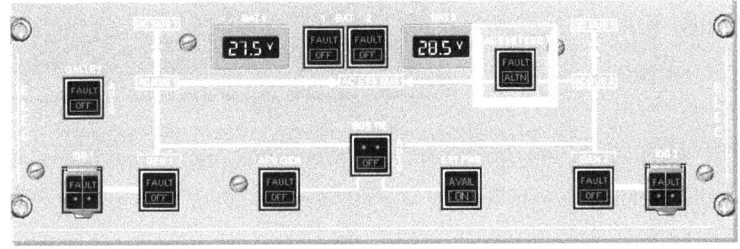

Plötzlich wird der MW-Alarm ausgelöst...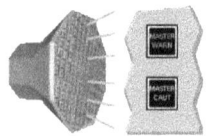

Wie Sie bemerken, ist die erste Konsequenz, dass die Captain's PFD, ND und E/WD leer sind. Die Standardverfahren (SOP) empfehlen in einem solchen Fall, dass der First Officer das Flugzeug fliegt, während der Captain die ECAM-Maßnahmen durchführt.

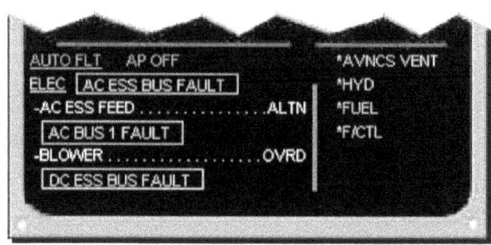

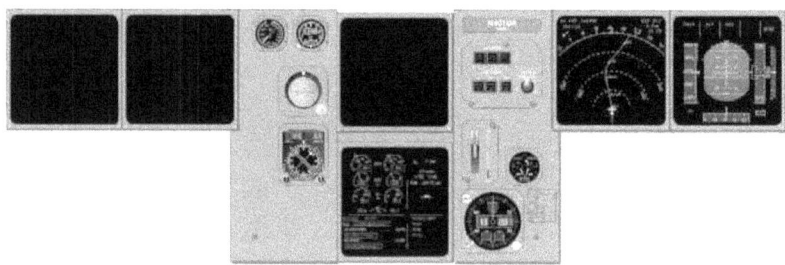

Die E/WD wird jetzt auf dem unteren ECAM angezeigt. Sie können lesen, dass der Autopilot disengaged wurde. Lassen Sie uns dies zuerst beheben. Um mit dem Verfahren fortzufahren, müssen Sie diese Zeile löschen. Die Zeile betreffend den Autopiloten ist verschwunden. Wir können auch sehen, dass der AC Bus 1-Fehler zu Ausfällen der AC und DC ESS Busse geführt hat.

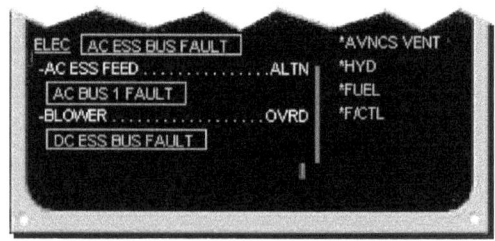

Die erste Zeile im Verfahren zeigt uns, wie die wesentlichen Busse wiederhergestellt werden können. Sie müssen die „Feed"-Versorgung des AC

ESS Bus von AC Bus 1 auf AC Bus 2 umschalten. Der PF wird Sie auffordern, die ECAM-Maßnahmen durchzuführen. Beachten Sie auf dem ELEC-Panel das FAULT-Licht am AC ESS FEED pb Schalter.

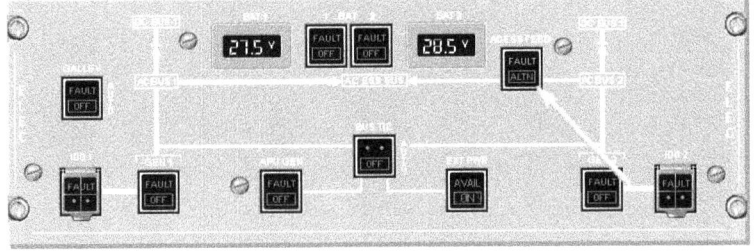

Sehen wir uns an, was nach den ECAM-Maßnahmen passiert!

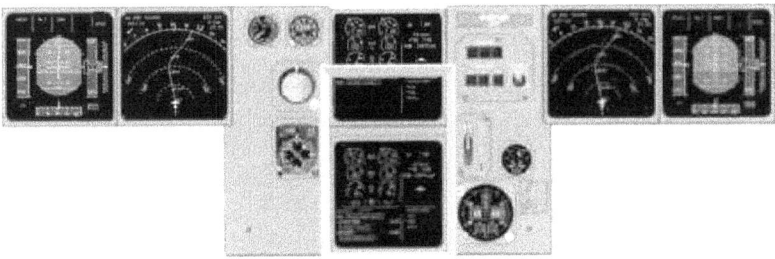

Das Captain's PFD und der ND werden nach einigen Sekunden wiederhergestellt. Die E/WD kehrt auf den oberen ECAM zurück. Die ECAM ELEC-Seite wird automatisch auf dem unteren ECAM angezeigt. Sie können auf der ECAM ELEC-Seite sehen, dass beide wesentlichen Busse nun wiederhergestellt sind. Dafür versorgt AC Bus 2 jetzt den AC ESS Bus, der über den ESS TR den DC ESS Bus versorgt.

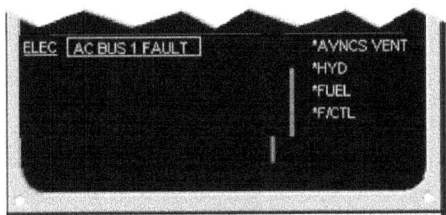

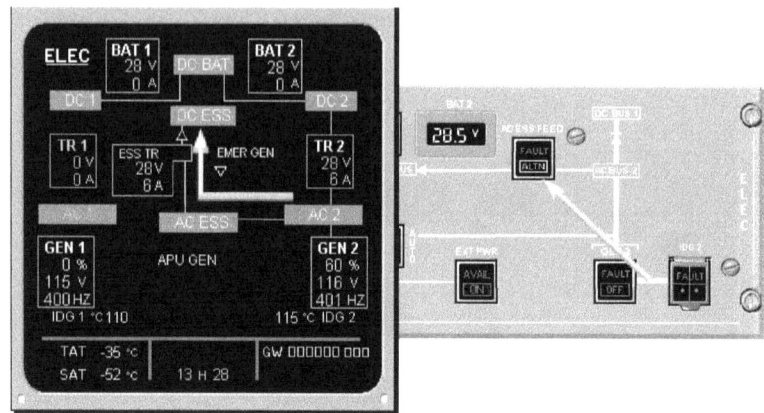

Auf dem ELEC-Panel wurde das FAULT-Licht am AC ESS FEED pb Schalter durch ein weißes ALTN-Licht ersetzt. Dies bedeutet, dass der AC ESS Bus jetzt von seiner alternativen Quelle, AC Bus 2, versorgt wird. Beachten Sie, dass der DC BAT und der DC 1 Bus nach einer kurzen Verzögerung automatisch durch DC Bus 2 versorgt werden. Die anderen Schritte des Verfahrens sind mit der Wiederherstellung der wesentlichen Busse verschwunden. Der einzige Bus, der weiterhin nicht mit Strom versorgt wird, ist AC Bus 1. Sie können auf der rechten Seite des E/WD die Systeme sehen, die von dem Verlust des AC Bus 1 betroffen sind.

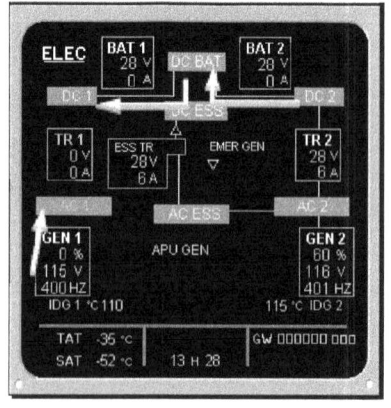

Normalerweise würden Sie an diesem Punkt beginnen, die ECAM-Seiten in Bezug auf die sekundären Fehler zu überprüfen. Hier wären die ECAM CAB PRESS, HYD, FUEL und F/CTL Seiten. Da Sie die vollständigen Verfahren

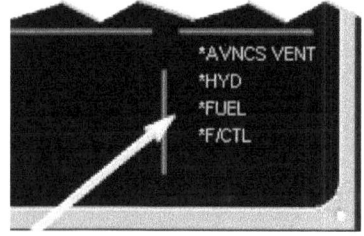

30

während Ihrer Simulator-Sitzungen sehen werden, lassen Sie uns hier anhalten und zum nächsten Thema der abnormalen Betriebsverfahren übergehen.

Nun werden wir die ELECTRICAL EMERGENCY CONFIGURATION studieren. Da viele Ereignisse gleichzeitig im Flugzeug auftreten, werden wir sie in einer sequentiellen Reihenfolge darstellen. Angenommen, wir befinden uns im Flug und es gab keine vorherigen Fehler. Plötzlich wird der MW-Alarm ausgelöst...

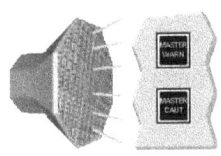

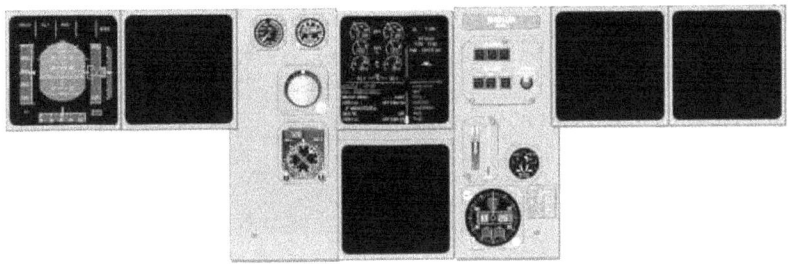

Wie Sie sehen können, ist die erste Konsequenz, dass die Stromversorgung für das First Officer's PFD und ND, das Captain's ND und das untere ECAM verloren geht. Die SOP empfiehlt in einem solchen Fall, dass der Captain das Flugzeug fliegt, während der First Officer die ECAM-Maßnahmen durchführt.

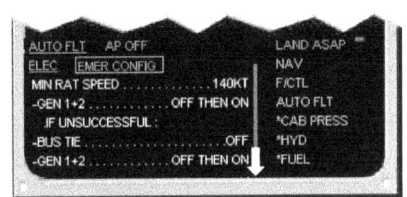

Beachten Sie, dass auf dem EMER ELEC PWR-Panel das rote RAT & EMER GEN FAULT-Licht leuchtet, was bedeutet, dass der Notstromgenerator noch nicht online ist.

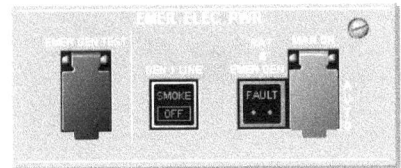

Beachten Sie, dass das RAT & EMER GEN-Licht verschwunden ist. Der EMER GEN läuft jetzt und versorgt das System. Wenn der EMER GEN online ist, wurde die Stromversorgung für das Captain's ND wiederhergestellt.

Auf dem E/WD können Sie lesen, dass der Autopilot disengaged wurde. Lassen Sie uns dies zuerst beheben. Um mit dem Verfahren fortzufahren, müssen Sie diese Zeile löschen. Lesen Sie den Titel des Fehlers. Der rote EMER CONFIG-Titel bedeutet, dass Sie sich in einer ELECTRICAL EMERGENCY CONFIGURATION befinden.

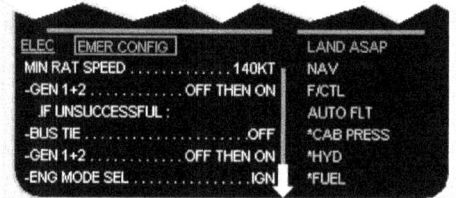

Die rote Nachricht LAND ASAP empfiehlt, so schnell wie möglich zu landen. Beachten Sie, dass Sie eine Mindestgeschwindigkeit beibehalten müssen, wenn das RAT ausgefahren ist. Der PF wird Sie auffordern, die ECAM-Maßnahmen durchzuführen. Sie werden versuchen, die Generatoren zurückzusetzen. Hier wird dies für Sie erledigt.

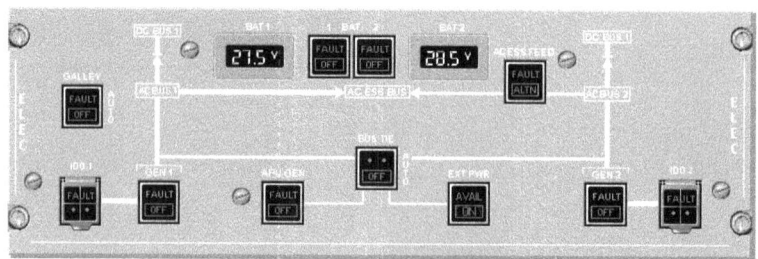

Der Reset der Generatoren war nicht erfolgreich. Bevor wir mit dem Verfahren fortfahren, lassen Sie uns

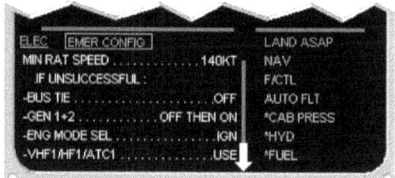

ansehen, wie man eine ECAM-Seite aufruft, wenn der untere ECAM nicht verfügbar ist. Der BUS TIE pb Schalter in der OFF-Position trennt die beiden Seiten des Systems. Durch diese Maßnahme kann ein Kurzschluss isoliert werden, was Ihnen die Möglichkeit geben könnte, einen Generator zurückzusetzen. Das Verfahren fordert Sie auf, erneut zu versuchen, die Generatoren zurückzusetzen. Hier wird dies für Sie erledigt.

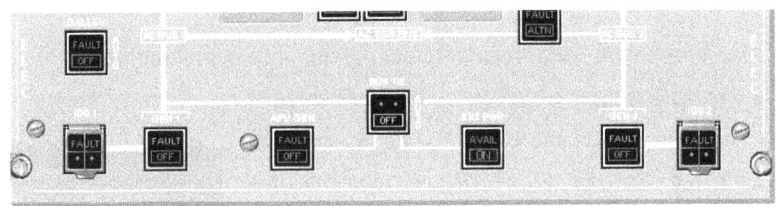

Fahren Sie mit den ECAM-Maßnahmen fort...

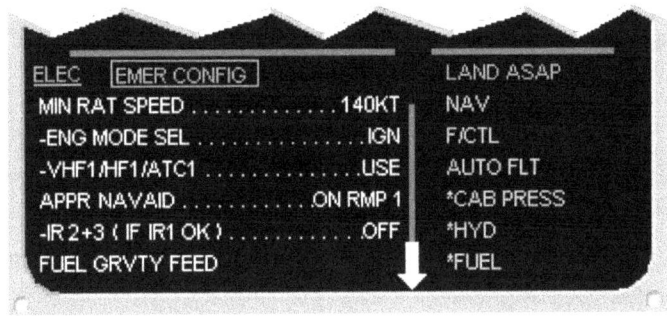

Wiederum war der Reset der Generatoren nicht erfolgreich. Da die nächsten Schritte andere Systeme betreffen, werden wir hier stoppen und die Indikationen auf der rechten Seite des E/WD studieren. Beachten Sie die amberfarbenen NAV, F/CTL und AUTO FLT Systemtitel. Das bedeutet, dass diese Systeme von dem Fehler betroffen sind. Ihre zugehörigen Verfahren werden nach dem aktuellen Stapel angezeigt und erscheinen mit dem Abschluss des EMER CONFIG-Verfahrens.

Beachten Sie auch die sichtbaren sekundären Fehler im Zusammenhang mit den CAB PRESS, HYD und FUEL Systemen. Es kann noch andere sekundäre Fehler geben, die noch nicht angezeigt werden, da es eine Überlaufanzeige (grüner Pfeil) gibt. Wir werden nun zum Ende des EMER ELEC Verfahrens springen und sehen, wie Sie die sekundären Fehler anzeigen können.

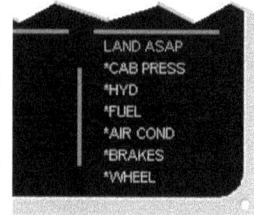

Die Systemtitel sind verschwunden, wenn ihre Verfahren abgeschlossen sind. Die vollständige Liste der sekundären Fehler ist jetzt sichtbar. Da der untere ECAM nicht verfügbar ist, müssen Sie die ECAM-Seiten, die mit den sekundären Fehlern verbunden sind, manuell auf dem E/WD aufrufen. Wir nehmen nun an, dass alle ECAM-Seiten der sekundären Fehler überprüft wurden. Als Sie den letzten Fehler gelöscht haben, erschienen Memo-Nachrichten auf dem E/WD.

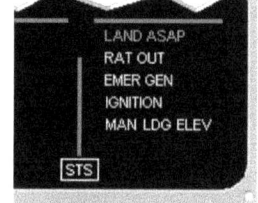

Die grüne RAT OUT Memo-Nachricht bestätigt, dass das RAT nicht mehr verstaut ist. Die grüne EMER GEN Memo-Nachricht zeigt an, dass der Notstromgenerator läuft und das System versorgt. Sie werden die Möglichkeit haben, das EMER ELEC CONFIG Verfahren während Ihrer Simulator-Sitzungen zu üben. Nun werden wir den Fall eines RAT Stall untersuchen.

Wenn das RAT ausfällt, zum Beispiel bei niedriger Geschwindigkeit während des Anflugs, wird der Notstromgenerator nicht mehr mit Strom versorgt und die Energieversorgung wird automatisch auf die Batterien übertragen. Beachten Sie, dass die EMER GEN Indikationen verschwunden sind.

Da der Entladestrom der Batterie hoch ist, werden die aktuellen Indikationen in Amber angezeigt. Die Batterien speisen den DC ESS Bus und versorgen über den statischen Inverter den AC ESS Bus.

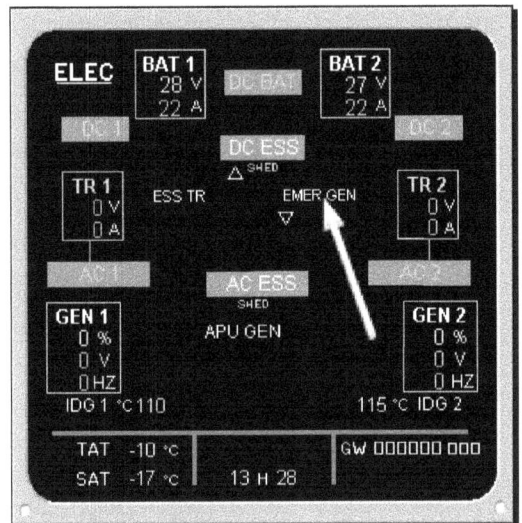

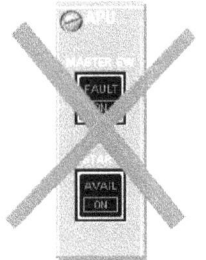

Beide SHED ESS Busse werden automatisch abgeschaltet, was durch die amberfarbenen SHED Indikationen unter den jeweiligen Bussen angezeigt wird. Beachten Sie, dass während dieser Phase der APU-Start unterdrückt wird.

Am Boden wird der DC BAT Bus automatisch mit den Batterien verbunden. Bei niedriger Geschwindigkeit wird der AC ESS Bus abgeschaltet, was zum Verlust aller Bildschirme führt.

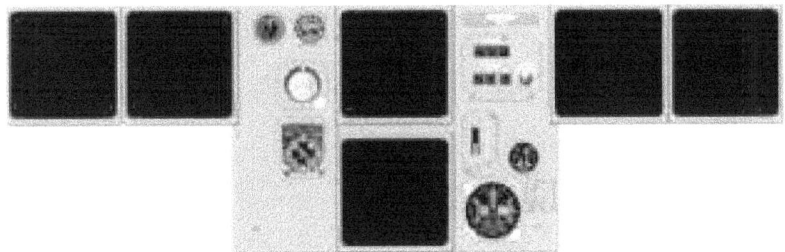

Als Folge des elektrischen Fehlers wird das RAT normalerweise automatisch ausgefahren. Während der Ausfahrt wird das elektrische System von den Batterien gespeist. Die ungefähre Flugzeit mit Batteriestrom beträgt 30 Minuten. Lassen Sie uns nun sehen, was passiert, wenn das RAT nicht automatisch ausgefahren wird.

Wenn das RAT nicht ausfährt, erscheint eine spezifische Zeile im EMER ELEC Verfahren, die Ihnen anzeigt, dass Sie das RAT manuell auf dem EMER ELEC PWR Panel ausfahren müssen.

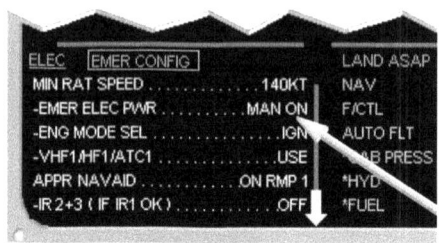

Der Schutz ist oben. Jetzt müssen Sie das RAT ausfahren.

Nach der Ausfahrt des RAT, wenn der Notstromgenerator nicht funktioniert, bleibt das rote FAULT-Licht auf der RAT & EMER GEN Anzeige beleuchtet. Dieser Fehler führt dazu, dass das Flugzeug nur noch mit den Batterien betrieben wird.

Im Falle einer Rauchdetektion im Avionik-Fach leuchtet die amberfarbene SMOKE Lampe auf dem GEN 1 LINE pb Schalter. Eine Master Caution und ein ECAM-Verfahren werden ebenfalls ausgelöst.

Wenn der GEN 1 LINE pb Schalter betätigt wird, wird Generator 1 vom System getrennt.

Das ECAM-Verfahren zur Rauchdetektion in der Avionik führt zur Abschaltung der Hauptbusbars. In diesem Fall ist die elektrische Systemkonfiguration dieselbe wie im Notfall, mit der Ausnahme, dass die Brennstoffpumpen weiterhin mit Strom versorgt werden.

Luftkonditionierung Abnormale Betriebsweise

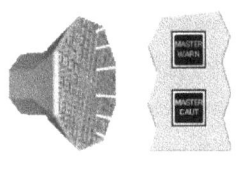

Dies ist eine Demonstration einer Überhitzung von Pack 1 während des Fluges. Du bist der PNF. Angenommen, du bist der PNF. Du befindest dich im Flug und alles läuft normal, plötzlich wird der MC ausgelöst! Lass uns die Fehlerindikationen ansehen.
Eine Fehlermeldung und die zugehörige Checkliste erscheinen auf der E/WD. Die ECAM BLEED-Seite wurde automatisch aufgerufen, um die amberfarbenen Indikationen anzuzeigen. Ein FAULT-Licht hat sich am Luftkonditionierungs steuerpanel eingeschaltet.

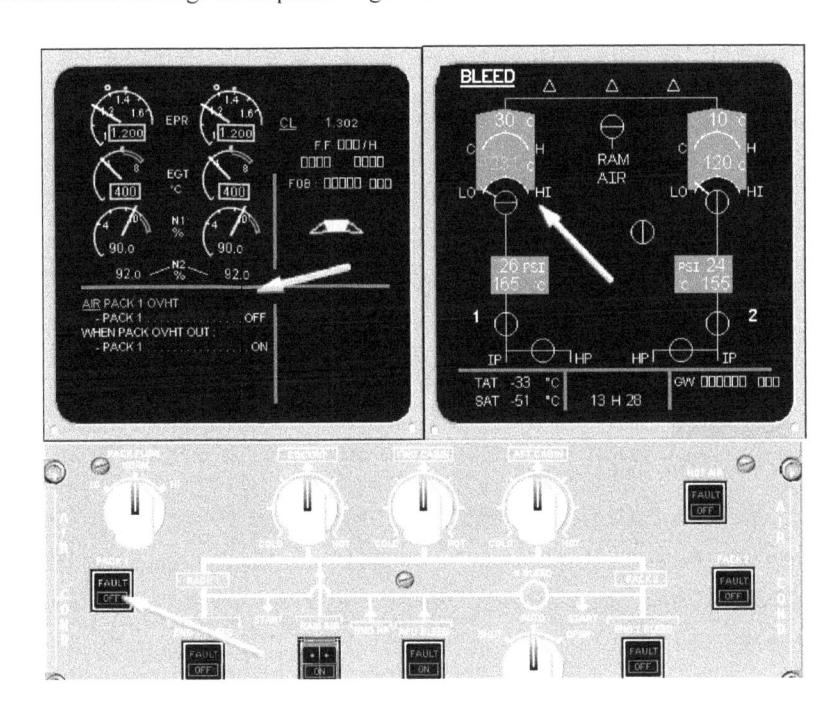

Auf der E/WD, lies den Titel des Fehlers. Bevor du fortfährst, beachte, dass das Pack Flow Control Valve geschlossen wurde. Dies geschah automatisch, als die Überhitzung erkannt wurde, um das Pack vor Schäden zu schützen. Die Ventil-Indikation ist amber, da die Ventilposition nicht mit der Schalterposition übereinstimmt.

Die Kompressorauslasstemperatur ist ebenfalls amber, da der Temperaturgrenzwert überschritten wurde. Beachte außerdem, dass seitdem das Pack-Ventil geschlossen ist, die Versorgungsleitung vom Pack zum Mixer ebenfalls amber geworden ist. Dies geschieht, weil kein Luftstrom vom Pack zur Mischereinheit vorhanden ist.

Der erste Schritt im ECAM fordert dich auf, PACK1 auszuschalten. Dies dient dazu, die Schalterposition des Packs mit der Ventilposition abzugleichen und das Pack für einen Reset vorzubereiten. Beachte, dass das FAULT-Licht am Pack-Pushbutton-Schalter leuchtet, um dir zu helfen, ihn zu finden und den Überhitzungszustand anzuzeigen.

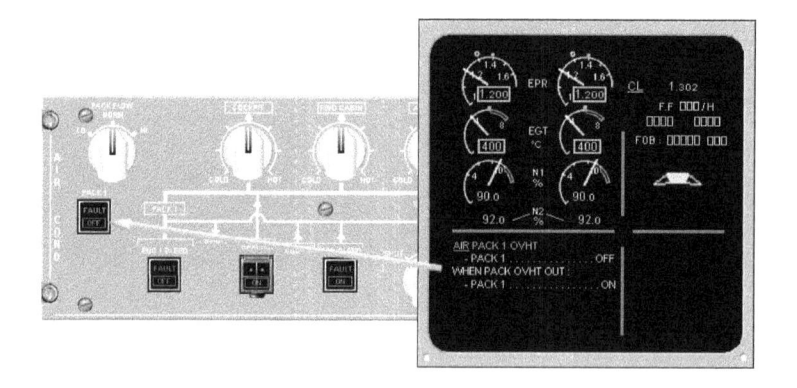

DerWenn Pack 1 ausgeschaltet wird, leuchtet ein OFF-Licht im Schalter, und die Pack-Ventil-Indikation wird grün, was anzeigt, dass die Ventil-/Schalterposition übereinstimmt. Beachte, dass das FAULT-Licht weiterhin leuchtet.

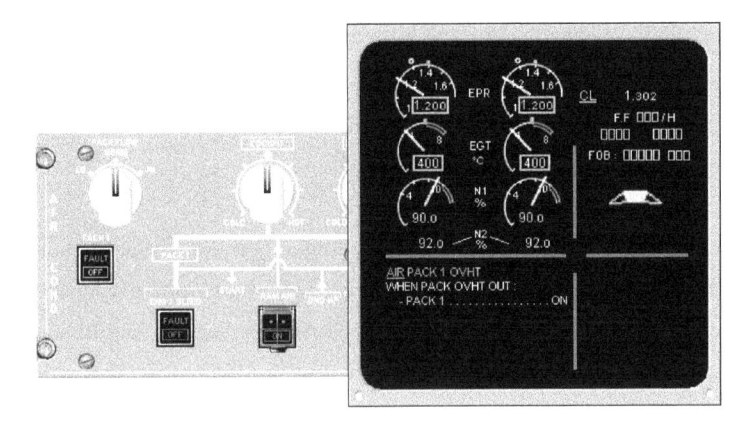

Der abgeschlossene Verfahrensschritt verschwindet von der E/WD. Lass uns zum nächsten Schritt der Prozedur übergehen, der zwei Teile umfasst. Der erste Teil, eine Bedingungszeile, ist keine Aktion, sondern eine Analyse. Wir müssen feststellen, ob die Pack-Überhitzung behoben ist. Daher führe die nächste ECAM-Aktion durch, indem du Pack 1 wieder einschaltest.

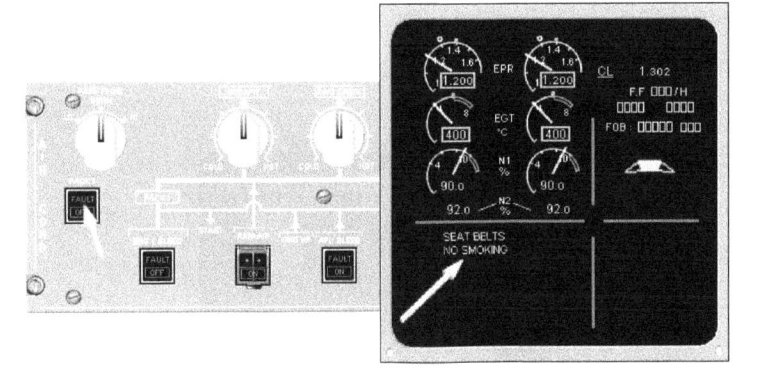

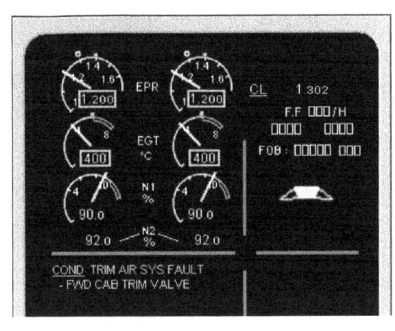

Dies ist ein Beispiel für eine anormale Prozedur. Wir werden einen Trim Air System Fault verwenden, um diese Prozeduren zu veranschaulichen. Du befindest dich im Kreuzflug, und alle Systeme funktionieren normal. Du bist der PNF. Wenn das ECAM-System einen Fehler erkennt, werden die entsprechenden Warnungen ausgelöst und der Systembildschirm aufgerufen. Da dies nur eine Crew Awareness ist, leuchten weder das Master Caution noch die Master Warning-Lichter auf.

Die Fehlermeldung lautet: „Conditioning. Trim Air System Fault". Die ECAM-Prozeduren werden nun befolgt. Im Fall eines Trim Air System Fault ist keine Aktion seitens der Crew erforderlich. Der nächste Schritt in diesem Beispiel ist es, nach Rücksprache mit dem anderen Piloten ECAM zu löschen. Da dies nur eine Crew Awareness war und keine Aktion von der Crew erforderlich war, wird keine STATUS-Seite angezeigt. Die CRUISE-Seite wird nun angezeigt und die CLEAR-Lichter erlöschen. Die ECAM-Prozedur für den Trim Air Fault ist abgeschlossen.

Nun schauen wir uns einige weitere anormale Indikationen im Zusammenhang mit dem Klimaanlagensystem an. Sollte eine ECAM- oder QRH-Prozedur die Verwendung des RAM AIR-Schalters erfordern, wird dieser betätigt, indem die geschützte Klappe angehoben und der Schalter gedrückt wird. Lassen Sie uns den RAM AIR-Schalter auswählen.

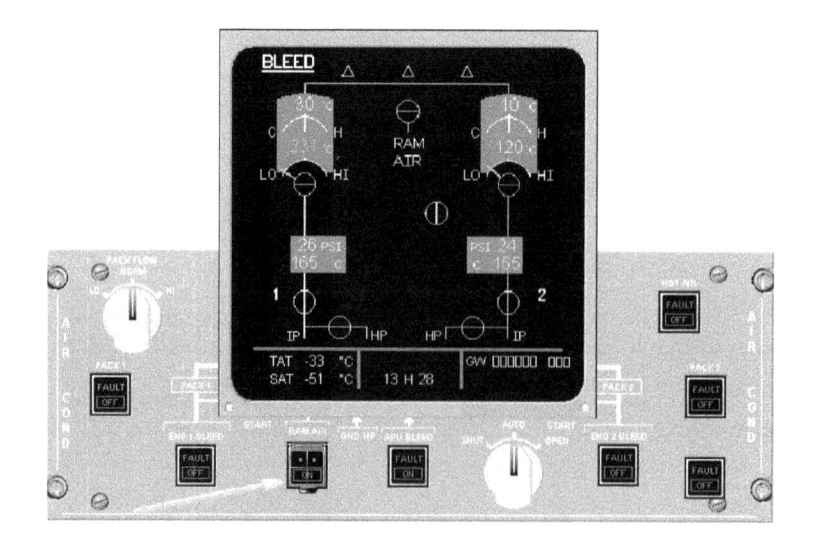

Ein ON-Licht leuchtet im Schalter auf, das Ventil öffnet sich, und die Anzeige auf der ECAM BLEED-Seite wird dies widerspiegeln. Beachten Sie, dass ECAM-Verfahren normalerweise verlangen, dass das Flugzeug unter FL100/Minimalflughöhe ist, bevor das RAM AIR-Ventil betätigt wird, da das Flugzeug entlüftet wird.

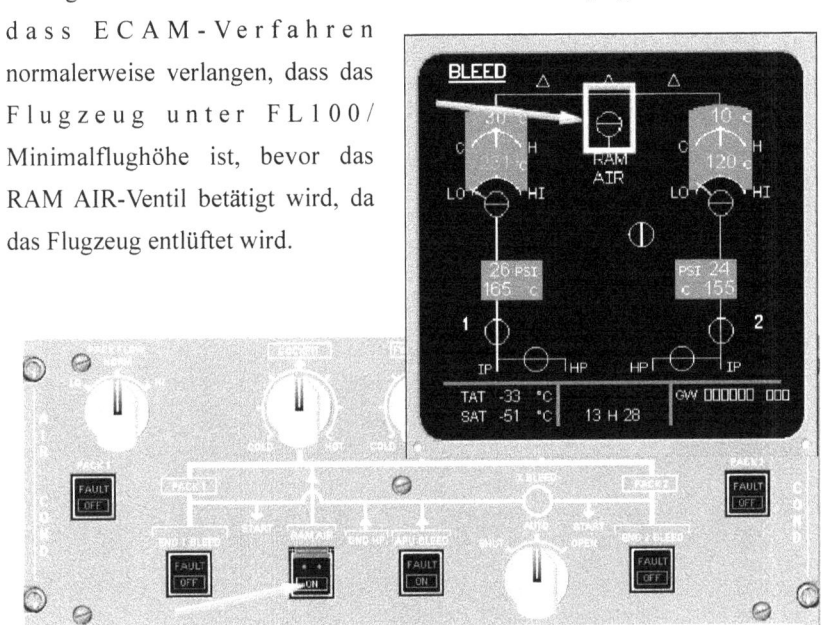

Schauen wir uns eine weitere anormale Anzeige an. Die HOT AIR FAULT-Lampe leuchtet amber, wenn eine Überhitzung des Luftkanals erkannt wird. Wenn dies geschieht, schließen sich automatisch das Heißluft-Druckregelventil und die Trim-Air-Ventile.

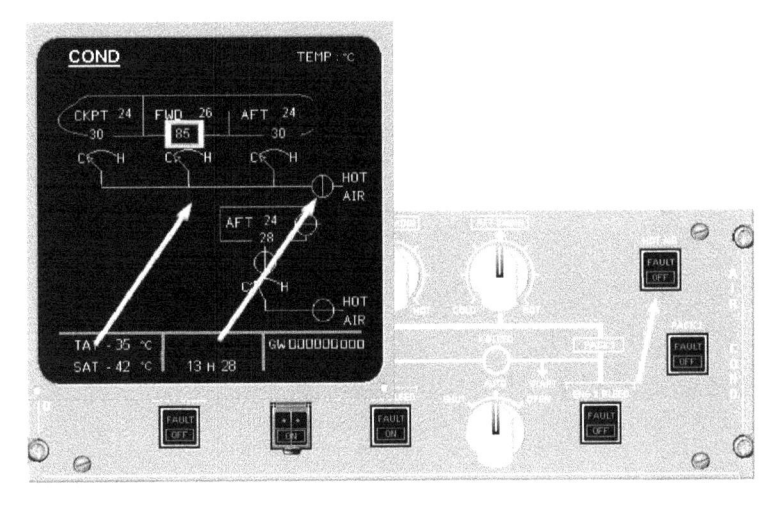

Der Zone Control Computer, der normalerweise mit zwei Kanälen arbeitet, zeigt den Piloten keine speziellen Anzeigen. Sollte jedoch ein Fehler auftreten, gibt es Backup-Modi mit entsprechenden Anzeigen.

Im ersten Fall, wenn ein Primärkanalfehler auftritt, übernimmt der Sekundärkanal, und die optimierte Temperaturregelung geht verloren. Eine ALTN MODE-Anzeige erscheint, und die HOT AIR- und TRIM AIR-Ventile schließen.

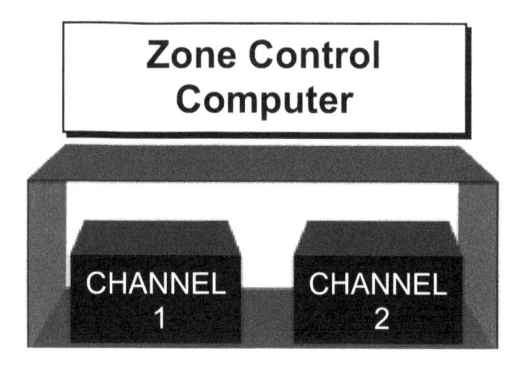

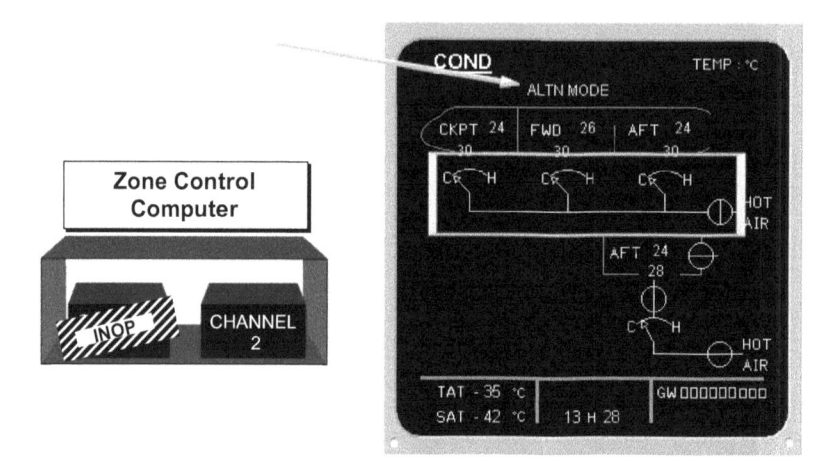

Im zweiten Fall, wenn ein Doppelfehler auftritt, gibt es keine Zonen-Temperaturregelung. Die Packungen liefern eine feste Temperatur, und die

PACK REG-Anzeige erscheint auf der ECAM COND-Seite. Beachten Sie auch, dass keine Anzeigen für Zonen- oder Kanaltemperaturen vorhanden sind.

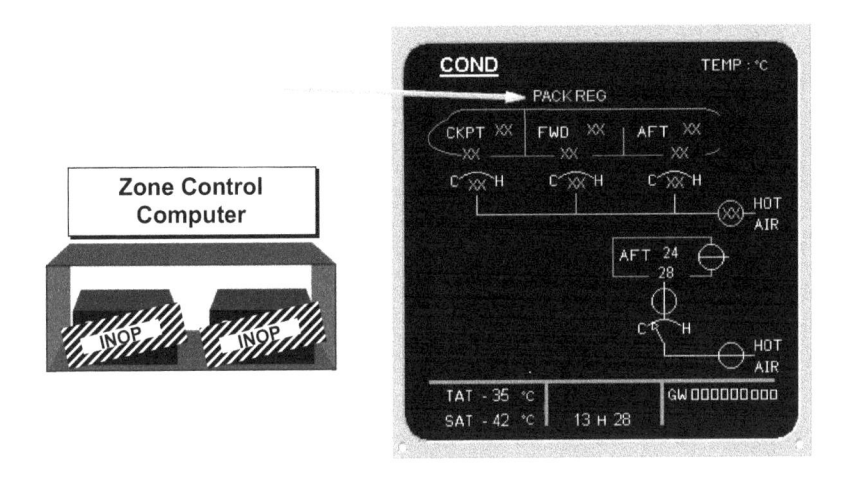

Auf der STATUS-Seite wird angezeigt, dass die Packungen Luft mit einer festen Temperatur liefern.

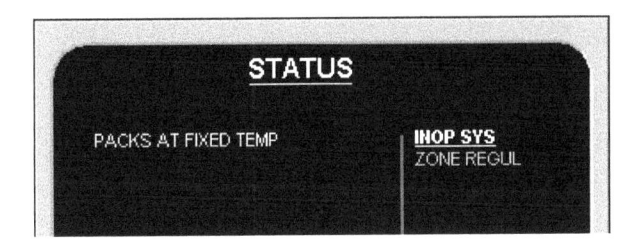

Kapitel 2

Abnormale Betriebsverfahren II

Dies dient ausschließlich zu Trainings- und Unterhaltungszwecken. Für den realen Flugbetrieb konsultieren Sie bitte die Airbus-Handbücher.

Türanomalien im Betrieb

In diesem Anomalie-Modul zeigen wir einen FrachtTür-Fehler. Angenommen, Sie sind der PNF. Sie befinden sich in einer Höhe von 3000 ft und alles ist normal, plötzlich wird der MC-Alarm ausgelöst!

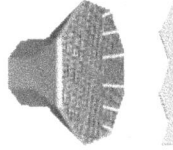

Auf dem E/WD lesen Sie den Titel des Fehlers.

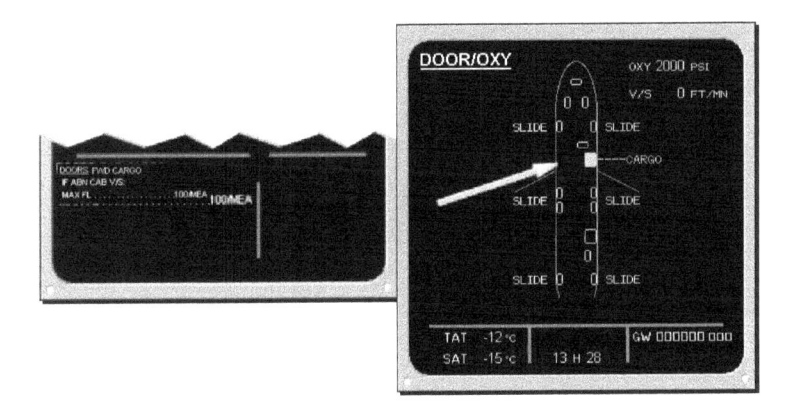

Beachten Sie die vordere FrachtTür in amber auf der ECAM DOOR/OXY-Seite, was darauf hinweist, dass die Tür anscheinend nicht verriegelt ist. Das Verfahren fordert Sie auf, die Kabinen-V/S zu überprüfen. Dieser Wert kann direkt auf der ECAM DOOR/OXY-Seite abgelesen werden. Hier ist der Wert normal, was bedeutet, dass keine Druckentlastung auftritt.

Daher sind keine Maßnahmen der Crew erforderlich und wir fahren mit dem ECAM-Verfahren fort, indem wir die CLR-Taste drücken. Die STATUS-Seite wird zur Überprüfung angezeigt. Beachten Sie, dass es kein Annäherungsverfahren gibt und keine Systeme inaktiv sind. Es gibt lediglich eine blau angezeigte Einschränkung: MAX FL 100 / MEA.

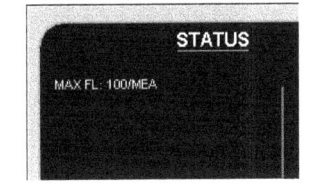

Sie haben einen FrachtTür-Fehler ohne Druckentlastung gesehen. Wir werden nun denselben Fehler, aber mit Druckentlastung, untersuchen. Sie befinden sich im Flug und alles ist normal, plötzlich wird der MC-Alarm ausgelöst!

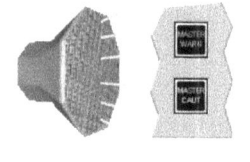

Die Indikationen sind die gleichen wie im vorherigen Verfahren, nur dass die Kabinen-V/S nun einen übermäßigen Wert anzeigt.

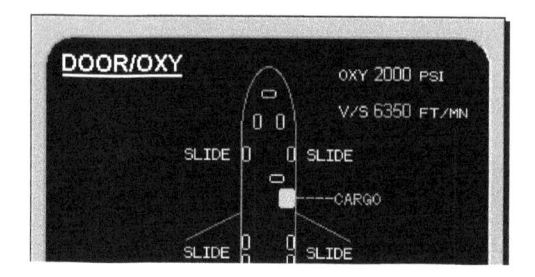

Nach wenigen Sekunden... wird der MW-Alarm ausgelöst!

Beachten Sie, dass auf der rechten Seite des E/WD eine amber DOOR-Anzeige aufgrund des Überlaufs erschienen ist, was bedeutet, dass das DOOR-Verfahren weiterhin aktiv ist.

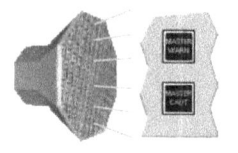

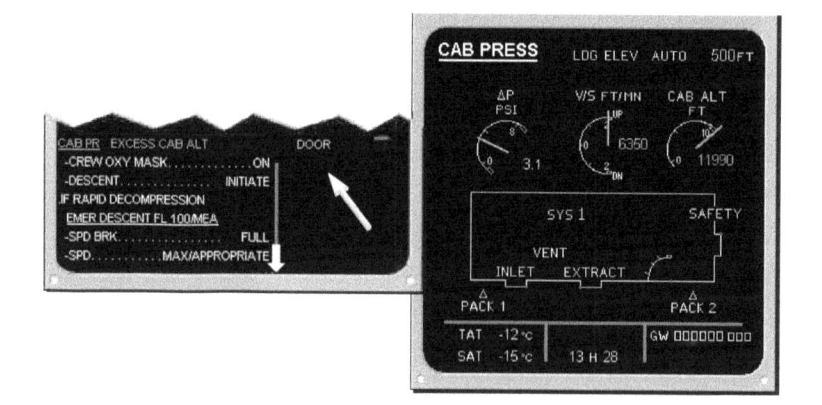

Treibstoff abnormalitäten im Betrieb

Dies ist eine Demonstration eines Ausfalls der Zentraltankpumpen. Sie befinden sich im Reiseflug, und das Flugzeug funktioniert normal. Sie sind im Flug, alles ist normal, plötzlich wird der MC-Alarm ausgelöst!

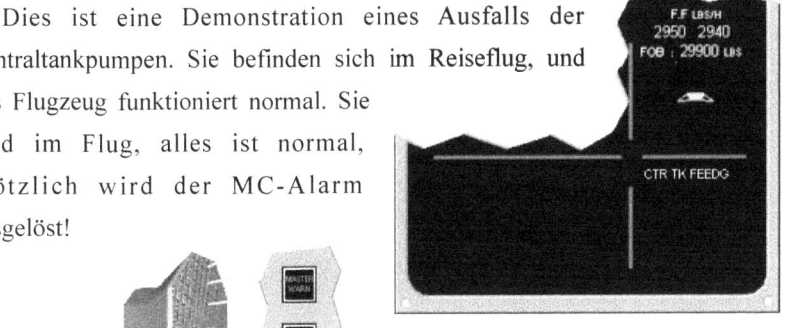

Lesen Sie den Titel des Fehlers auf dem E/WD. Die ECAM-Warnung „CTR TK PUMP 1 LO PR" erscheint in amber, was bedeutet, dass Zentraltankpumpe 1 ausgefallen ist. Beachten Sie, dass die ECAM FUEL-Seite automatisch angezeigt wird.

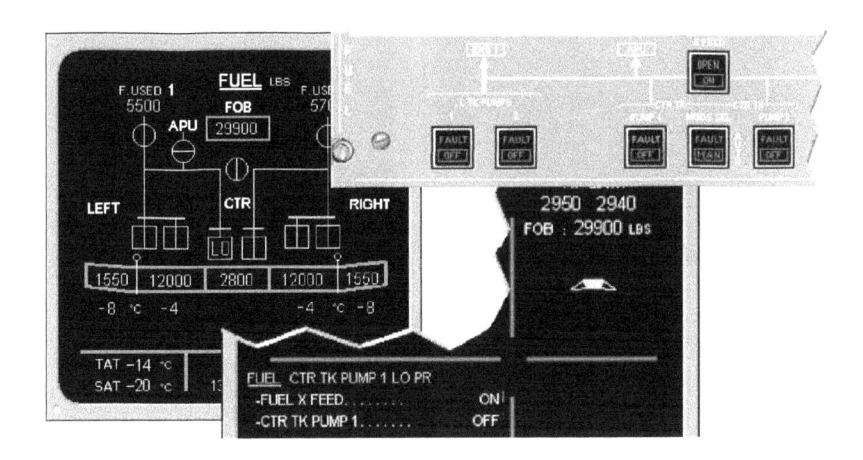

Beachten Sie die entsprechenden Indikationen: Auf der ECAM-Seite bedeutet LO in orange umrandet, dass die Pumpe eingeschaltet ist, aber nicht ausreichenden Druck erzeugt. Auf dem FUEL-Steuerpanel ist das FAULT-Licht in amber auf dem CTR TK PUMP 1 pb sw leuchtet. Lassen Sie uns die ECAM-Aktionen durchführen.

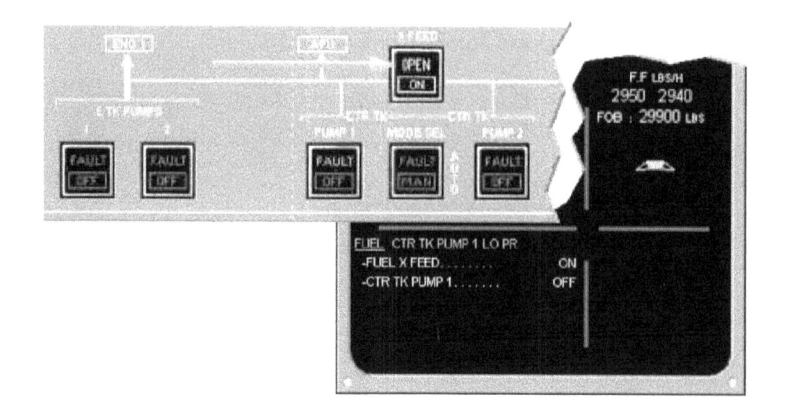

Beobachten Sie, dass: Das ON-Licht auf dem XFEED pb sw weiß leuchtet, was anzeigt, dass das Ventil zu öffnen beginnt. Das XFEED-Ventil wird in amber angezeigt, während das Ventil sich in Transit befindet. Das OPEN-Licht leuchtet grün, wenn das Ventil vollständig geöffnet ist. Das XFEED-Ventil wird in amber angezeigt, während das Ventil sich in Transit befindet.

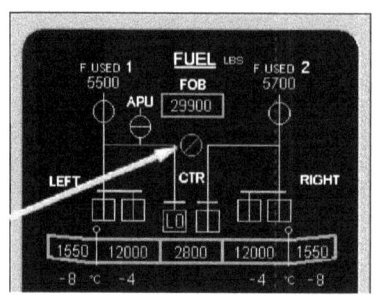

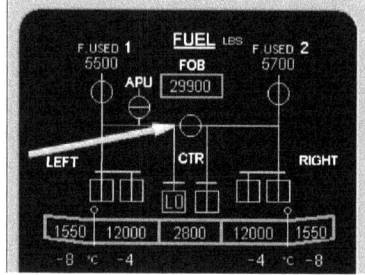

Auf der ECAM-Seite ist das XFEED-Ventil in grüner Linie. Dies ermöglicht es, dass beide Triebwerke aus dem Zentraltank mit der Zentraltank pumpe 2 versorgt werden.

Hinweis: Wenn Sie das XFEED-Ventil nicht öffnen, erhält Triebwerk 1 Kraftstoff aus dem linken Innentank, und es wird ein Ungleichgewicht auftreten.

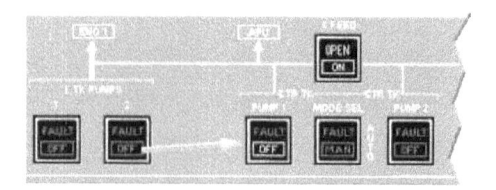

Auf dem CTR TK Pump 1 pb sw verschwindet das amber FAULT-Licht und wird durch das weiße OFF-Licht ersetzt, was anzeigt, dass die Pumpe ausgeschaltet wurde. Auf der ECAM FUEL-Seite verschwindet die LO-Anzeige und wird durch eine amber Cross-Line ersetzt, was bedeutet, dass die Zentraltank pumpe 1 manuell ausgeschaltet wurde.

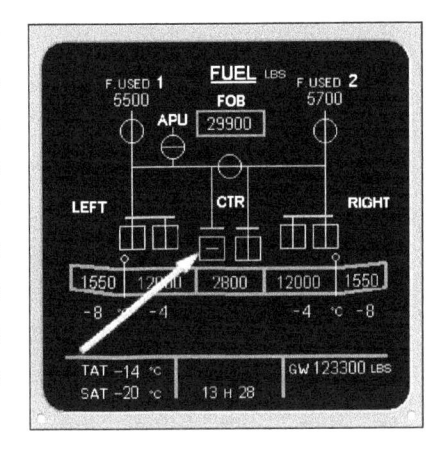

Das abnormale Verfahren ist abgeschlossen, und das Treibstoffsystem wurde analysiert. Auf der STATUS-Seite erscheint Zentraltank pumpe 1 in orange in der Spalte der inoperativen Systeme. ECAM-AKTION ABGESCHLOSSEN!

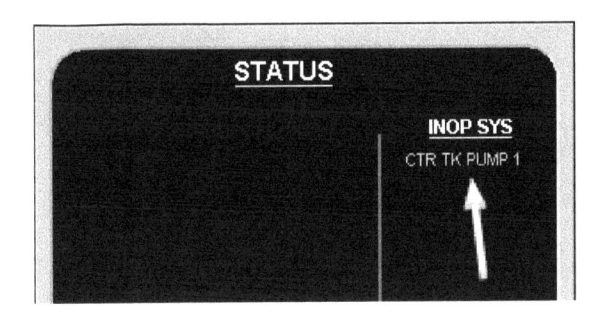

Nun befinden Sie sich weiterhin im Reiseflug. Denken Sie daran, dass die Zentraltank pumpe 1 ausgefallen ist. Lassen Sie uns sehen, was passiert, wenn auch die Zentraltank pumpe 2 ausfällt. Plötzlich wird der MC-Alarm ausgelöst.

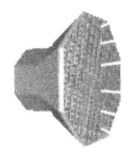

Auf dem E/WD zeigt die amber Nachricht „CTR TK PUMPS LO PR", dass beide Zentraltankpumpen ausgefallen sind.

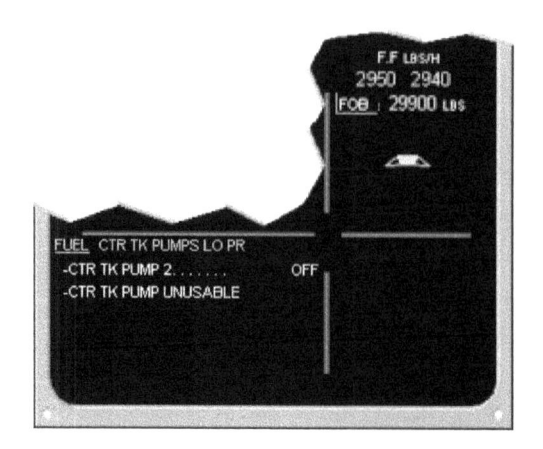

Sie haben die gleichen Indikationen wie bei einem Ausfall der Zentraltankpumpe 1: LO in orange umrandet auf der ECAM-Seite und das amber FAULT-Licht auf dem FUEL-Steuerpanel.

Lassen Sie uns die ECAM-Aktionen ausführen.

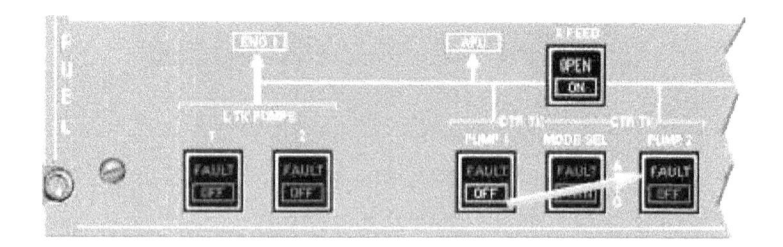

Nach den ECAM-Aktionen (CTR TK PUMP 2 OFF) beobachten Sie folgende Indikationen:

Auf dem FUEL-Panel sind beide Zentraltankpumpen ausgeschaltet.

Auf dem E/WD hat der FOB ein halb-amber umrandetes Feld.

Dies bedeutet, dass ein Teil des angegebenen Treibstoffs an Bord nicht nutzbar ist.

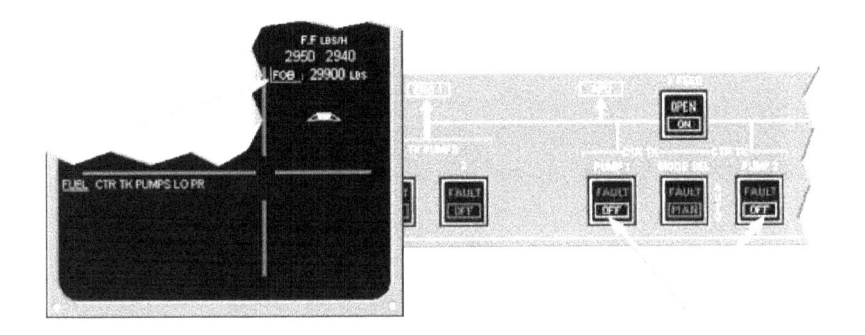

Auf der ECAM FUEL-Seite:

• Der Wert des Treibstoffs an Bord (FOB) ist in amber umrandet, was bedeutet, dass nicht der gesamte FOB nutzbar ist.
• Die Zentraltankpumpen sind in cross-line amber, was bedeutet, dass sie manuell ausgeschaltet wurden.
• Die Zentraltank menge ist in amber umrandet, was bedeutet, dass der Treibstoff im Zentraltank nicht nutzbar ist.

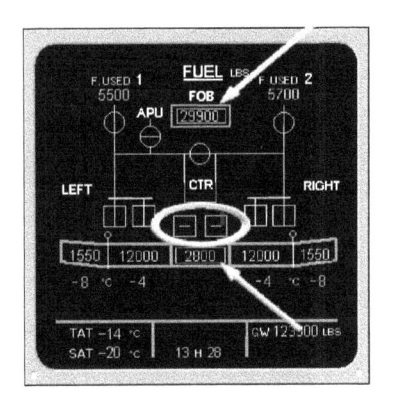

Die STATUS-Seite zeigt Folgendes an:

• Eine grüne Nachricht besagt, dass der Treibstoff im Zentraltank nicht nutzbar ist.

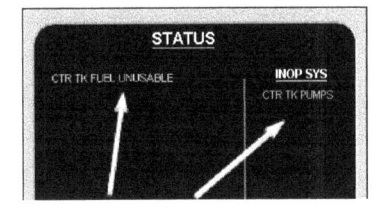

• Die Zentraltankpumpen sind inoperativ. Dies wird in amber angezeigt.

ECAM-Aktionen abgeschlossen.

Wir haben aus den ECAM-Aktionen und den zugehörigen Indikationen bei einem Ausfall der Zentraltankpumpen gelernt, dass:

• Der Ausfall einer Zentraltankpumpe das Öffnen des Crossfeed-Ventils erfordert, um ein Treibstoffungleichgewicht zu verhindern.
•
• Der Ausfall beider Zentraltankpumpen bedeutet, dass der Treibstoff im Zentraltank nicht nutzbar ist.

Sie befinden sich weiterhin im Reiseflug, alle Systeme sind wiederhergestellt und funktionieren normal. Wir werden nun den Ausfall der Innentank pumpen untersuchen. Die amber Nachricht „L TK PUMP 1 LO PR" auf dem E/WD bedeutet, dass die linke Tankpumpe 1 ausgefallen ist. Die ECAM FUEL-Seite erscheint automatisch mit der entsprechenden Pumpenanzeige.

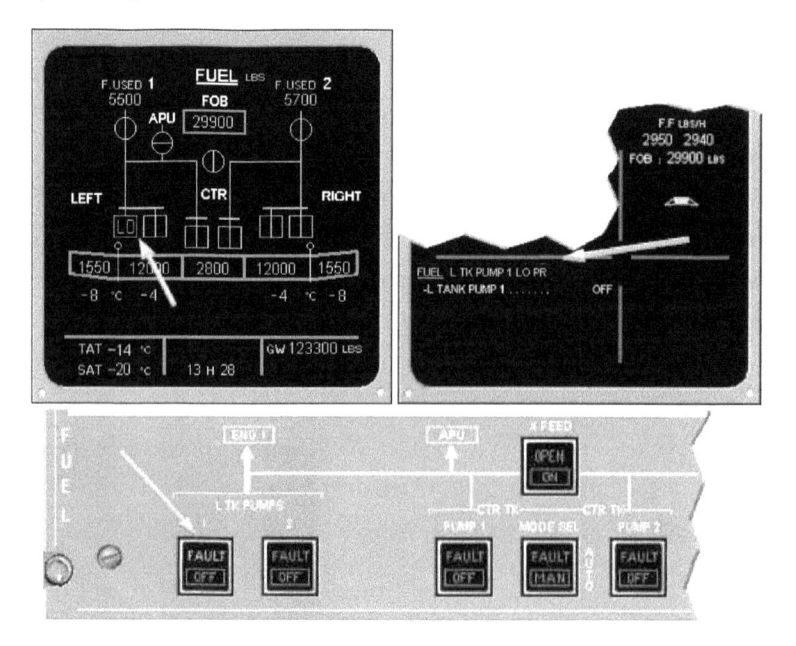

Nach den ECAM-Aktionen...

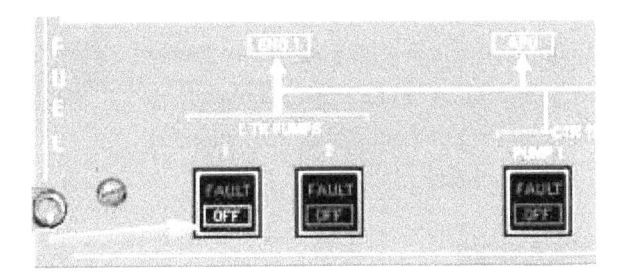

Beobachten Sie:

Auf dem FUEL-Panel wird das amber FAULT-Licht im L TK PUMP 1 pb sw durch das weiße OFF-Licht ersetzt.

Auf der ECAM-Seite wird die amber „LO"-Anzeige durch eine amber Cross-Line ersetzt, was bedeutet, dass die Pumpe ausgeschaltet ist.

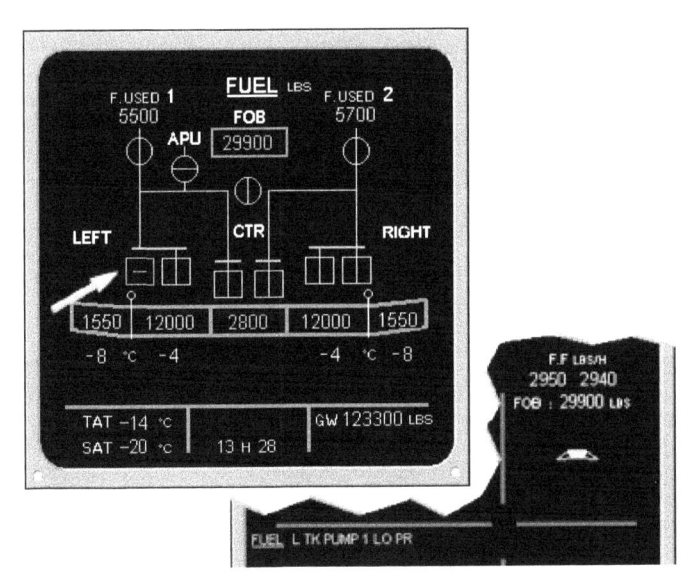

STATUS: Das inoperative System ist Linke Tankpumpe 1, angezeigt in amber.

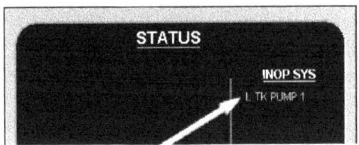

Fahren wir mit dem nächsten Schritt fort: Sie befinden sich weiterhin im Reiseflug. Denken Sie daran, dass Linke Tankpumpe 1 ausgefallen ist. Lassen Sie uns sehen, was passiert, wenn Linke Tankpumpe 2 ausfällt. Sie sind im Flug und alles ist normal, plötzlich wird der MC-Alarm ausgelöst.

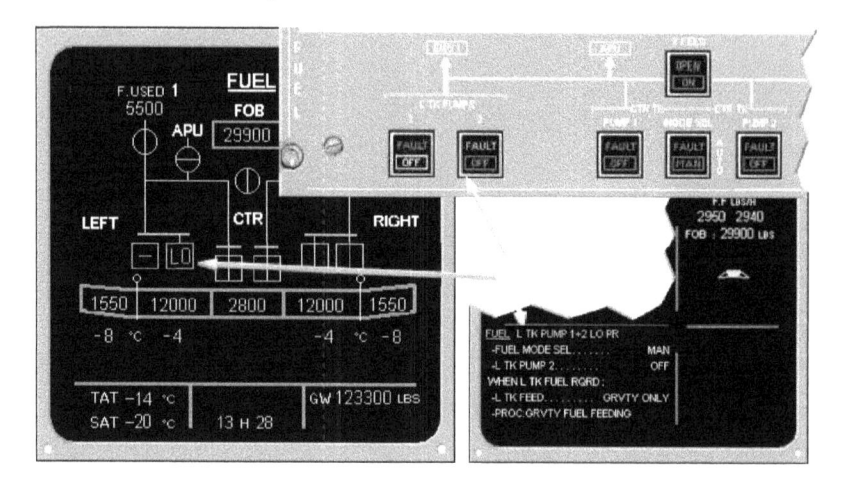

Das ECAM-Verfahren fordert Sie auf, die Zentraltankpumpen im manuellen Modus zu betreiben. Dies soll verhindern, dass die Zentraltankpumpen automatisch abgeschaltet werden, beispielsweise bei der Verlängerung der Slats.

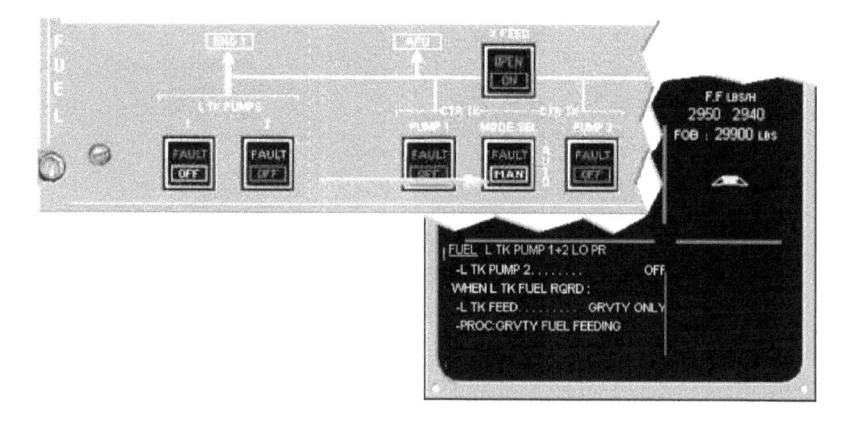

Beachten Sie das weiße MAN-Licht im MODE SEL pb sw. Die Zentraltankpumpen werden nun manuell betrieben. Die Linke Tankpumpe 2-Indikationen sind die gleichen wie bei Linke Tankpumpe 1, die zuvor gezeigt wurden. Lassen Sie uns die STATUS-Seite überprüfen. Die linken Tankpumpen sind inoperative, was in amber angezeigt wird.

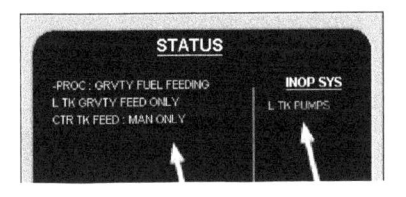

Hinweis: Zu diesem Zeitpunkt versorgen die Zentraltankpumpen weiterhin die Triebwerke. Wenn Treibstoff aus dem linken Tank benötigt wird, verweisen Sie auf die Dokumentation für das Gravitations-Treibstoffsammeln. ECAM-Aktionen abgeschlossen.

Wir haben aus den ECAM-Aktionen und den Indikationen, die mit den Ausfällen der linken Tankpumpen verbunden sind, gelernt, dass:

- Der Verlust einer inneren Tankpumpe nicht so kritisch ist (kein Master Caution), aufgrund der Redundanz (2 Pumpen).

- Der Verlust beider innerer Tankpumpen bedeutet die Verwendung von Gravitations-Treibstoffsammeln, falls erforderlich (siehe Ihre Dokumentation).

Nun lassen Sie uns einige andere abnormale Indikationen auf der ECAM FUEL-Seite ansehen. Wenn auf dem E/WD die FOB-Anzeige mit zwei Strichen über den letzten beiden Ziffern angezeigt wird, befindet sich der Treibstoffmengen indikator (FQI) im degradierten Modus. Sie können sehen, dass der betroffene Tank der linke äußere Tank ist. Die beiden amber Striche zeigen einen Verlust der Genauigkeit der angegebenen Treibstoffmenge an.

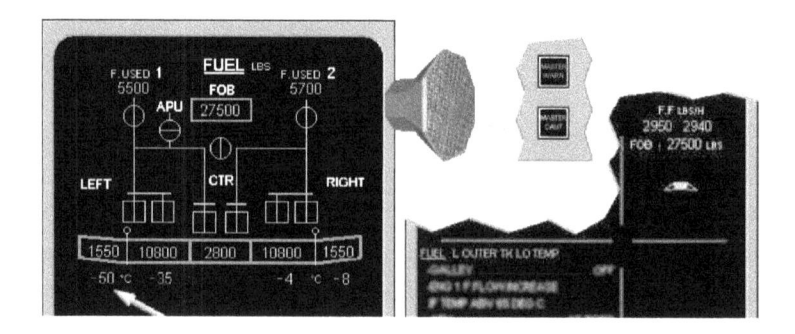

Auf der ECAM FUEL-Seite wird das linke Transferventil in amber angezeigt, was bedeutet, dass es geschlossen ist, obwohl es automatisch geöffnet werden sollte. Der Treibstoff im linken äußeren Tank ist nicht mehr nutzbar.

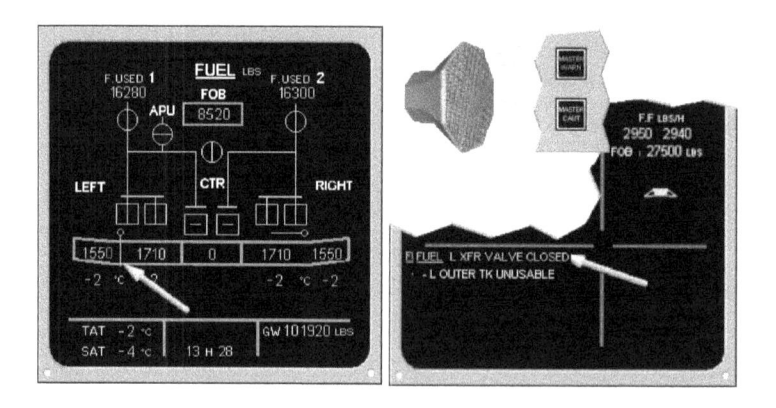

Hydraulische Anomalie im Betrieb

Dies ist eine Demonstration einer Anomalie im grünen Hydraulikkreis während des Fluges. Sie sind der nicht-fliegende Pilot. Sie befinden sich im Flug, und alles ist normal, plötzlich wird die MC ausgelöst!

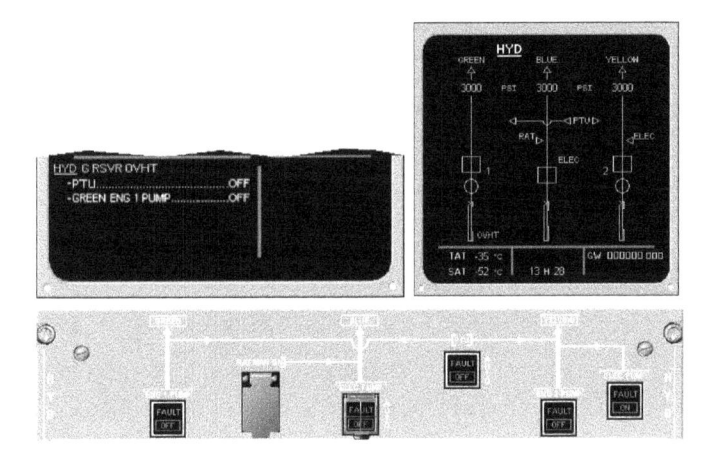

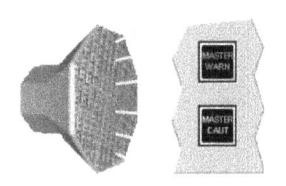

Die gelbe Warnleuchte und das dazugehörige Verfahren werden auf dem E/WD angezeigt. Die HYD-ECAM-Seite wird automatisch auf dem Systemdisplay dargestellt. Auf dem E/WD lesen Sie den Titel der Störung. Beobachten Sie die gelbe Überhitzungsanzeige neben dem grünen Reservoir auf der HYD-ECAM-Seite. Auf dem Hydraulik panel leuchten die grünen ENG 1 PUMP FAULT- und PTU FAULT-Lichter auf dem Pb-Schalter. Diese Anzeigen dienen der Kreuzprüfung des ECAM und helfen Ihnen, die Schalter zu finden, die im abnormalen Verfahren betätigt werden müssen. Lassen Sie uns die ersten ECAM-AKTIONEN ausführen. Stellen Sie PUT… OFF.

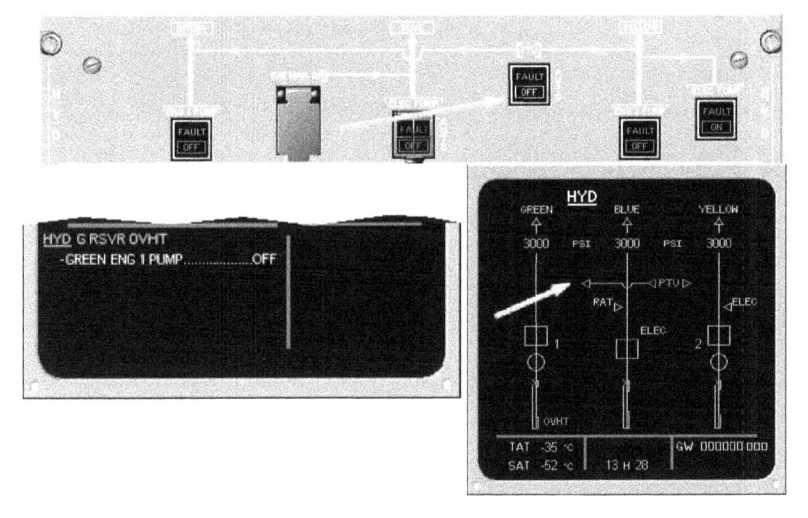

Die folgenden Anzeigen zeigen, dass die PTU ausgeschaltet ist: Das weiße OFF-Licht des Pb-Schalters und die PTU-Anzeige auf der ECAM-HYD-Seite in Gelb. Lassen Sie uns mit den ECAM-AKTIONEN fortfahren. Stellen Sie GREEN ENG 1 PUMP... OFF.

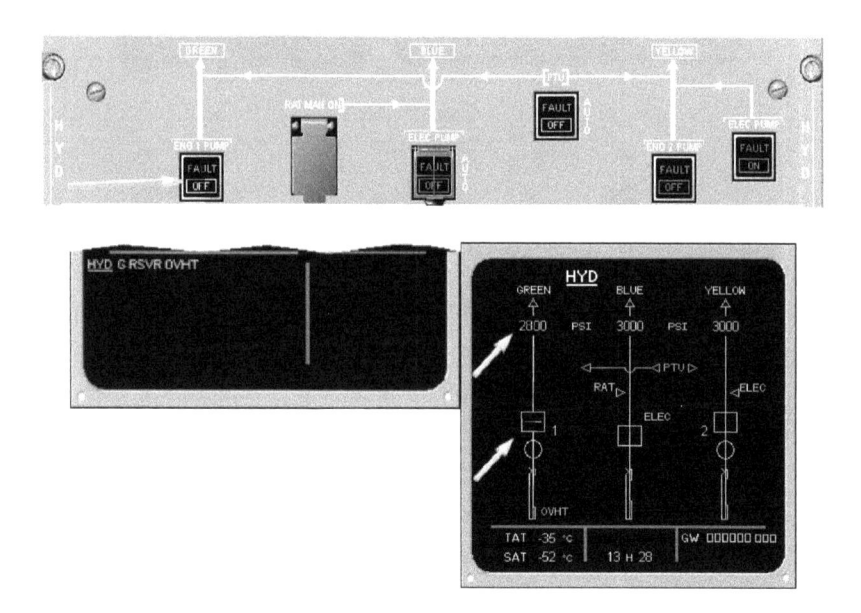

Die folgenden Anzeigen zeigen, dass die grüne ENG 1 Pumpe abgeschaltet wurde: Das OFF-Licht des Pb-Schalters, die ECAM HYD-Seite, die Anzeige der grünen ENG 1 Pumpe wechselt von grün in Linie zu gelb in Kreuzlinie. Beachten Sie, dass die Druckanzeige fällt. Plötzlich...

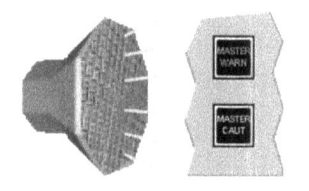

Die ECAM-Warnung G ENG 1 PUMP LO PR erscheint in Gelb auf dem E/WD, um anzuzeigen, dass die grüne ENG 1 Pumpe keinen Druck erzeugt, weil Sie sie abgeschaltet haben.

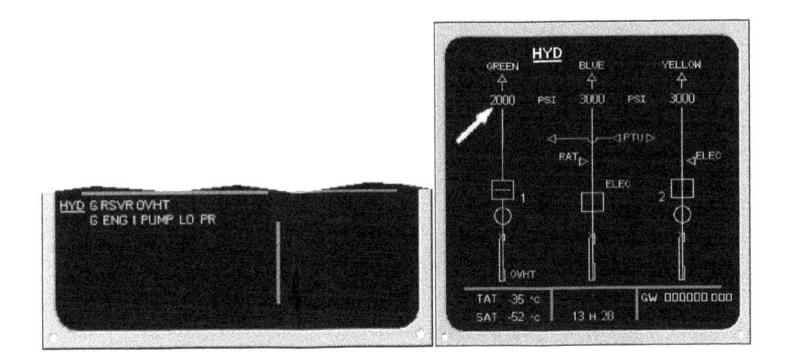

Der grüne Systemdruck fällt weiterhin, und der MC-Alarm wird erneut ausgelöst...

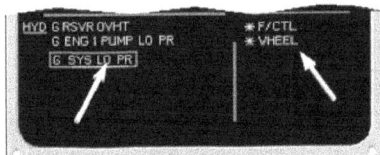

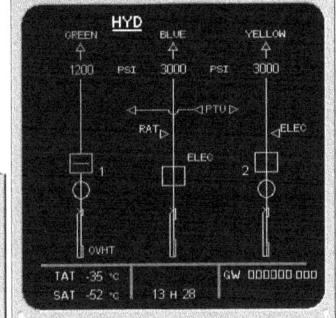

Die entsprechende ECAM-Warnung G SYS LO PR wird auf dem E/WD angezeigt, um anzuzeigen, dass das grüne System nicht mehr unter Druck steht. Die Störung ist in einem Kasten hervorgehoben, um anzuzeigen, dass es sich um einen primären Fehler mit dazugehörigen sekundären Fehlern handelt. Gleichzeitig ändert sich auf dem Systemdisplay die grüne Systemdruck- und Leitungsanzeige von grün zu gelb, um anzuzeigen, dass das grüne System nicht mehr unter Druck steht. Zusätzlich ändert sich die grüne Systemanzeige von weiß zu gelb, um den Verlust des grünen Systemdrucks den Benutzern anzuzeigen.

Das abnormale Verfahren ist abgeschlossen. Es gibt sekundäre Fehler auf der F/CTL-Seite und der WHEEL-Seite. Lassen Sie uns dies überprüfen, bevor wir den STATUS überprüfen.

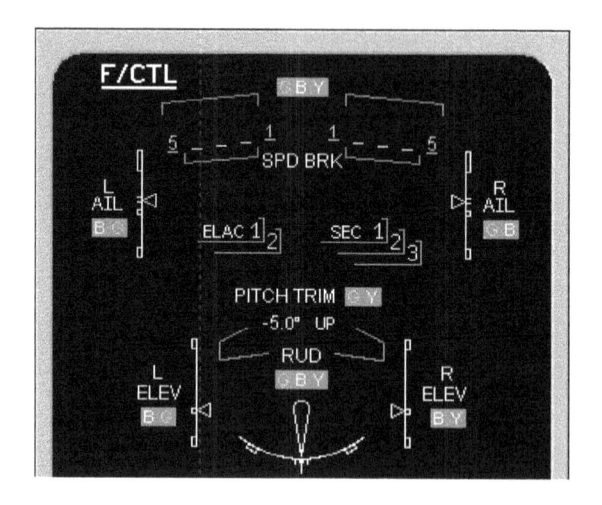

Auf der ECAM F/CTL-Seite können Sie sekundäre Auswirkungen des Hydraulikfehlers sehen. Zum Beispiel sind einige Spoiler von dem Fehler des grünen Systems betroffen.

Die ECAM WHEEL-Seite wird automatisch angezeigt. Die Nase Radsteuerung ist aufgrund des Fehlens des grünen Hydrauliksystems inaktiv.

Die STATUS-Seite wird angezeigt und zeigt: Anflugverfahren, inaktive Systeme und Flugzeug informationen.

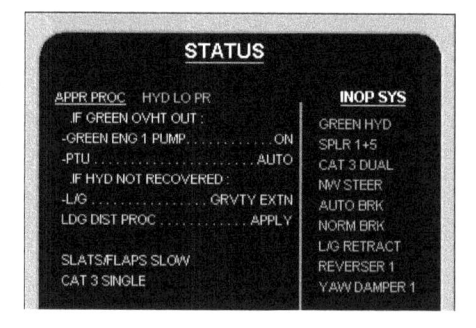

ECAM-AKTIONEN ABGESCHLOSSEN!

Weiter geht's mit dem Flug. Das grüne Hydrauliksystem wurde wiederhergestellt. Die STATUS-Seite zeigt für einige Sekunden "NORMAL" an. Dann wechselt das ECAM-System-Display automatisch zur CRUISE-Seite. Lassen Sie uns kurz ein weiteres Reservoir-Problem betrachten, das eine ähnliche Situation zur Folge haben kann.

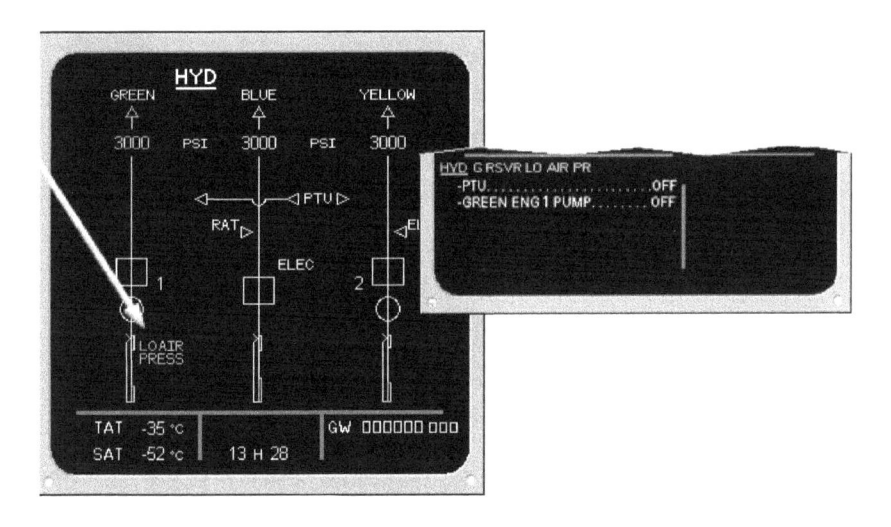

Dieser Fehler wird angezeigt durch:

- HYD G RSVR LO AIR PR auf dem E/WD,

- und die Anzeige der gelben „LOW AIR PRESS"-Nachricht neben dem betroffenen Reservoir. Beachten Sie, dass dieses Verfahren und die Anzeigen den vorherigen (G RSVR OVHT) ähnlich sind. Bei dieser Fehlfunktion ist es ebenfalls möglich, das System mit dem APPR PROC wiederherzustellen. Wir gehen davon aus, dass die ECAM-Aktionen abgeschlossen sind.

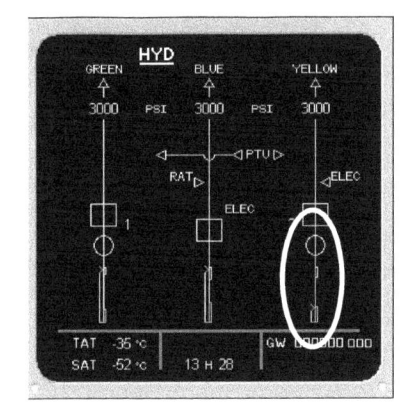

Dies ist eine Demonstration einer YELLOW RESERVOIR LOW LEVEL im Flug. Sie sind der PNF. Sie befinden sich im Reiseflug, alles ist normal. Plötzlich wird die MC ausgelöst! Auf dem E/WD lesen Sie den Titel der Störung.

Beachten Sie, dass der Reservoirstandsanzeiger auf Gelb wechselt, weil der Inhalt unter den Warnwert gefallen ist. Lassen Sie uns die ersten ECAM-AKTIONEN ausführen. Stellen Sie PUT auf OFF. Beachten Sie die PTU-Anzeige auf dem ECAM. Diese ist auf Gelb gewechselt.

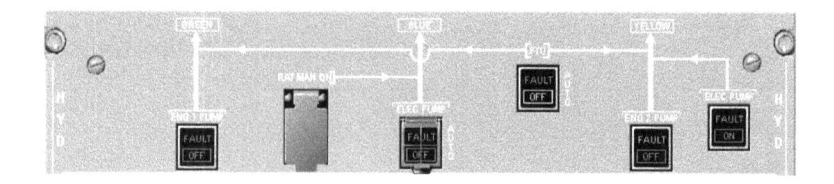

Die nächste ECAM-Aktion lautet: YELLOW ENG 2 PUMP auf OFF stellen.

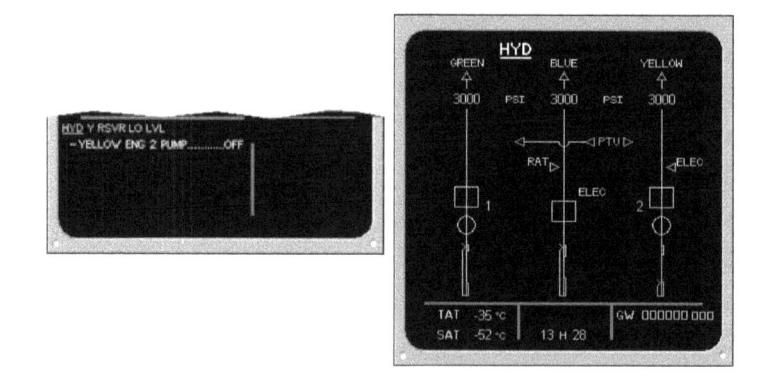

Die folgenden Anzeigen zeigen, dass die YELLOW ENG 2 Pumpe abgeschaltet wurde: Das OFF-Licht des Pb-Schalters, die ECAM-HYD-Seite, die YELLOW ENG 2 Pumpe wechselt von grün in Linie zu gelb in Kreuzlinie.

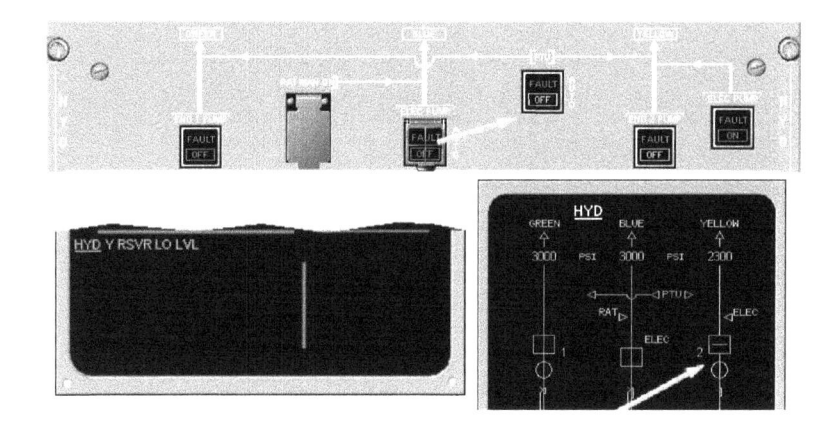

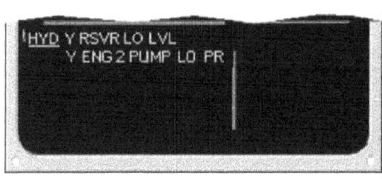

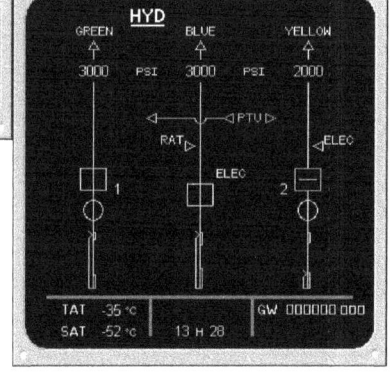

Die ECAM-Warnung Y ENG 2 PUMP LO PR erscheint in Gelb auf dem E/WD, um anzuzeigen, dass die YELLOW ENG 2 Pumpe keinen Druck erzeugt, weil Sie sie abgeschaltet haben. Der YELLOW-Systemdruck fällt weiterhin.

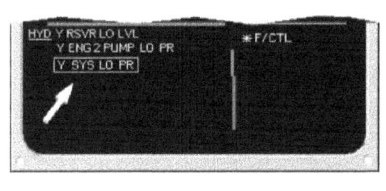

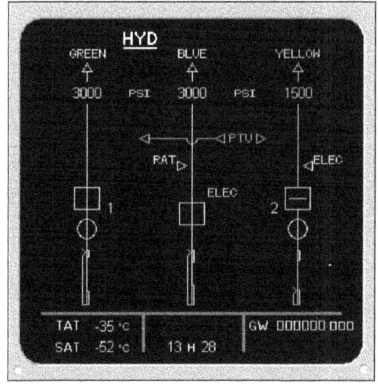

Die entsprechende ECAM-Warnung Y SYS LO PR wird auf dem E/WD angezeigt, um anzuzeigen, dass das YELLOW System nicht mehr unter

Druck steht. Gleichzeitig ändert sich auf der ECAM-HYD-Seite der YELLOW Systemdruck von grün zu gelb. Zusätzlich ändert sich die YELLOW Systemanzeige von weiß zu gelb, um den Verlust des YELLOW-Systemdrucks den Benutzern anzuzeigen.

Das abnormale Verfahren ist abgeschlossen, das HYD-System wird analysiert. Jetzt wird die STATUS-Seite zur Überprüfung angezeigt.

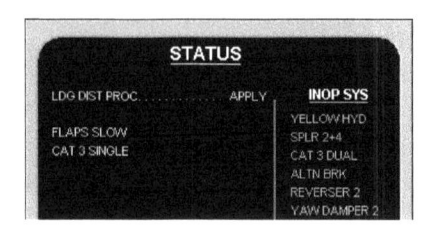

ECAM-AKTIONEN ABGESCHLOSSEN!

Auf dem E/WD lesen Sie den Titel der Störung. Beachten Sie, dass es sich um eine rote WARNUNG handelt. Zusätzlich erscheint LAND ASAP in Rot, um auf die ernste Natur des Fehlers hinzuweisen. Beachten Sie auf der ECAM-HYD-Seite, dass die Anzeige der BLUE Elec Pump von grün in Linie auf gelb „LO" wechselt, was anzeigt, dass die BLUE Electric Pump ausgefallen ist. Der Systemdruck liegt unter den normalen Grenzen. Auf dem Hydrauliksteuer panel ist das FAULT-Licht in Amber für den BLUE Elec Pump Pb-Schalter aktiviert. Lassen Sie uns die ECAM-AKTIONEN ausführen! Heben Sie zuerst den roten Schutz an und aktivieren Sie den RAT.

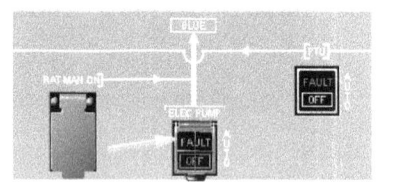

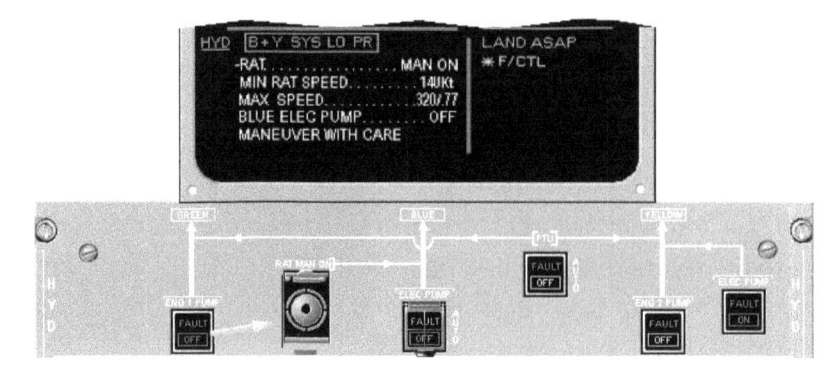

Auf der ECAM-HYD-Seite beobachten Sie, dass das RAT-Symbol von hohlweiß auf festgrün wechselt, was anzeigt, dass das RAT ausgefahren ist. Beachten Sie, dass der Druck gestiegen ist.

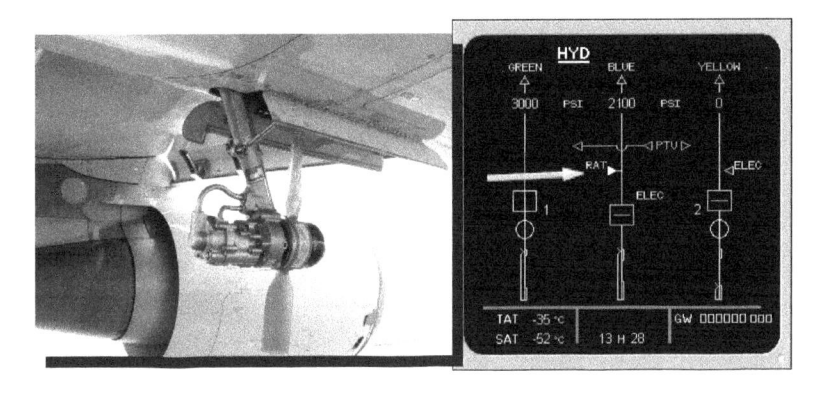

Die Mindestgeschwindigkeit für das RAT beträgt 140 Knoten. Hinweis: Sobald das RAT ausgefahren ist, kann es nur noch durch Wartung am Boden wieder eingefahren werden. Sobald das RAT das BLUE System unter Druck gesetzt hat, existiert der doppelte Hydrauliksystem-Niederdruckfehler nicht mehr, und wir befinden uns wieder in einer Situation mit einem einzelnen Hydraulikfehler (Y SYS LO PR).

Beachten Sie, dass die BLUE Systemanzeige auf der ECAM-HYD-Seite von Gelb auf Weiß wechselt. Das System wird durch das RAT unter Druck gesetzt und ist für die Benutzer verfügbar.

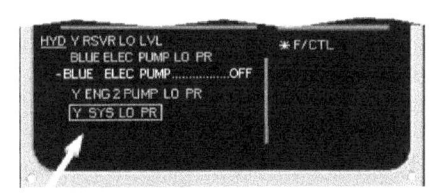

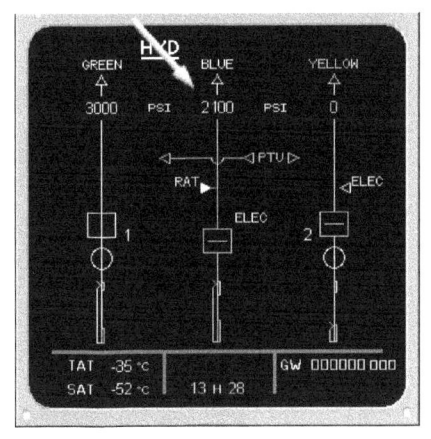

Jetzt, fortfahren mit den ECAM-AKTIONEN!

BLUE ELEC PUMP ..... OFF

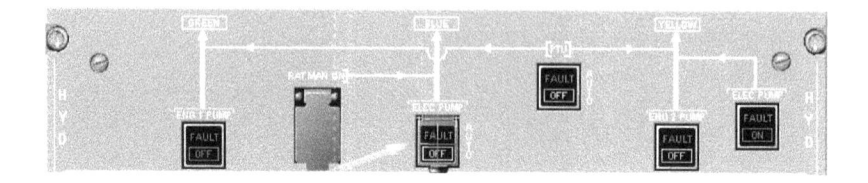

Beachten Sie auf dem Systemdisplay, dass die gelbe LO-Anzeige durch eine gelbe Kreuzlinie-Anzeige ersetzt wird, um anzuzeigen, dass die Pumpe abgeschaltet ist.

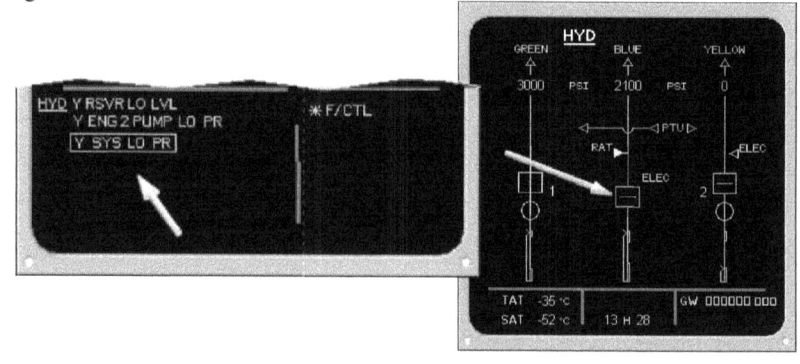

Die F/CTL-Seite wird automatisch angezeigt, um die Auswirkungen des primären Hydraulikfehlers zu analysieren. Zum Beispiel ist der rechte Höhenruder durch den niedrigen YELLOW Systemdruck betroffen.

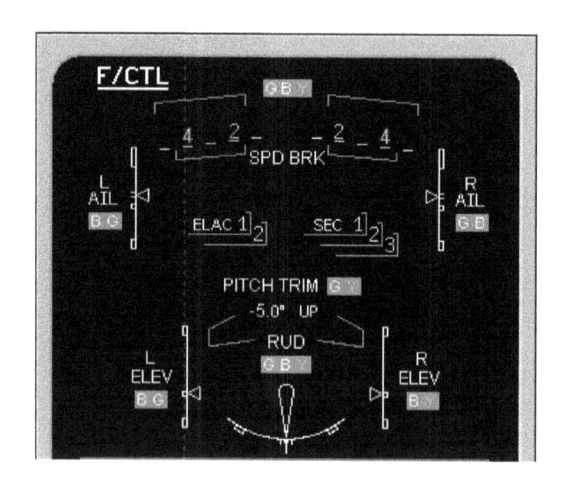

Jetzt wird die STATUS-Seite zur Überprüfung angezeigt. Beachten Sie, dass RAT OUT wieder angezeigt wird, weil die sekundäre Fehleranzeige auf der F/CTL-Seite, die Vorrang hatte, gelöscht wurde.

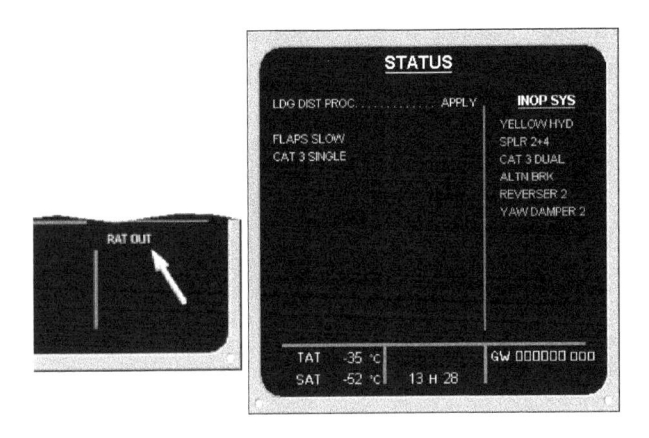

ECAM-AKTIONEN ABGESCHLOSSEN!

Lassen Sie uns fortfahren. Alle Systeme sind wieder normal. Jetzt schauen wir uns weitere abnormale Anzeigen an, die auf der ECAM-HYD-Seite angezeigt werden können. Wenn das RAT-Symbol auf Gelb wechselt, wurde ein Fehler im RAT erkannt. Wenn eine Überhitzung der elektrischen Pumpe erkannt wird:

- Das Symbol wechselt von hohlweiß zu festgelb.
- ELEC OVHT in Gelb wird daneben angezeigt.

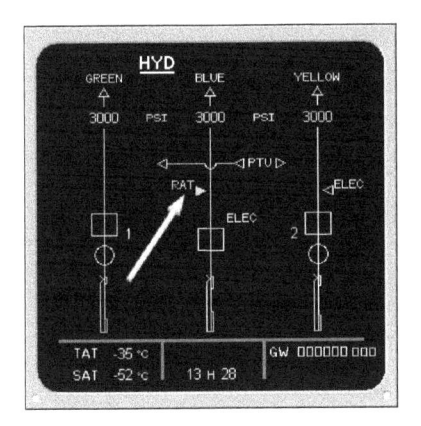

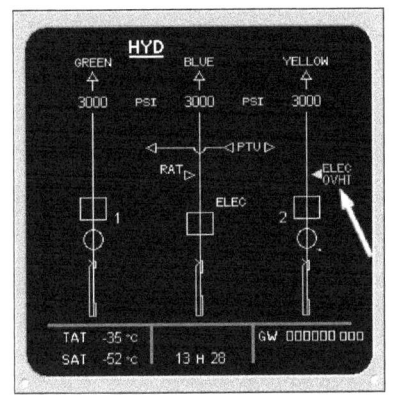

69

Navigation Anomalie im Betrieb

Wenn wir vom Navigationssystem sprechen, bedeutet das nicht nur die Navigationsfähigkeit, sondern auch die Flugzeughaltung. Sie befinden sich im Flug, und alles ist normal, plötzlich wird die MC ausgelöst!

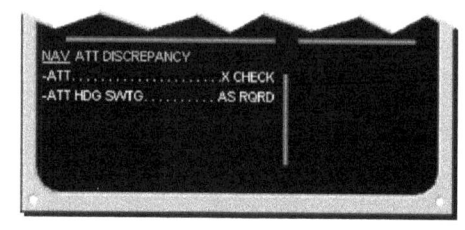

Auf dem E/WD lesen Sie den Titel des Fehlers. Beachten Sie auch das „CHECK ATT" auf beiden PFDs, was darauf hinweist, dass es eine Differenz in der angezeigten Flugzeughaltung für die Piloten gibt.

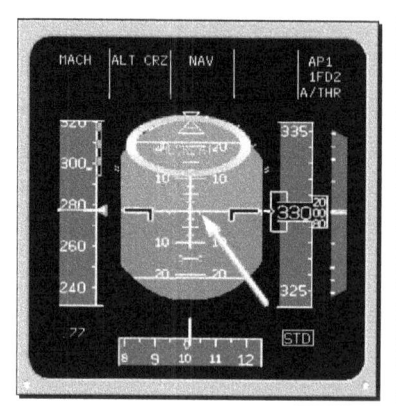

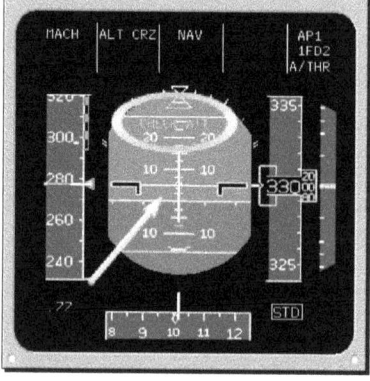

Es gibt keine ECAM-Seite, die mit dem ADIRS verbunden ist, daher bleibt die CRUISE-Seite auf dem SD. Die von der ECAM-Verfahren geforderte Haltungs-Kreuzprüfung erfolgt durch den Vergleich der PFD-Haltungen mit dem Standby-Horizont. In diesem Beispiel ist das PFD des F/O, das eine andere Haltung anzeigt als das PFD des Captains und der Standby-Horizont, wahrscheinlich das fehlerhafte.

Nachdem festgestellt wurde, welches PFD die falsche Haltung anzeigt, sollte der ATT HDG-Schalter auf diese Seite umgeschaltet werden. In diesem Fall muss der Schalter auf die F/O 3-Position gestellt werden. Lassen Sie uns sehen, was passiert…

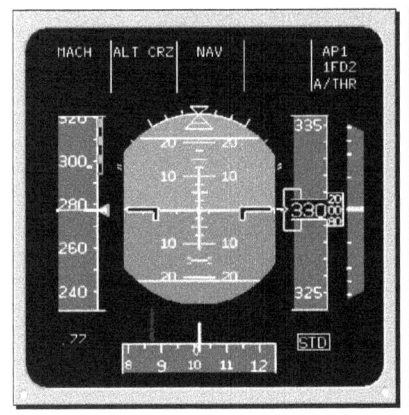

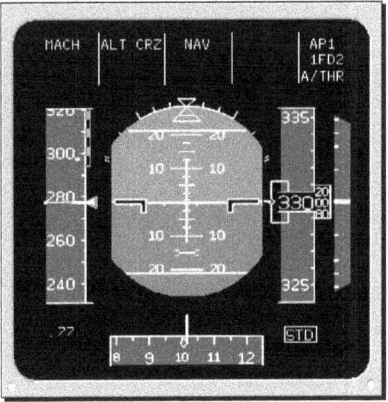

IR 3 versorgt nun die F/O-Seite. Die Flugzeughaltung auf dem F/O-PFD ist wieder normal. Die „CHECK ATT"-Anzeige ist verschwunden. Im Bereich der sekundären Fehler erscheint die Nachricht SWITCHING PNL.

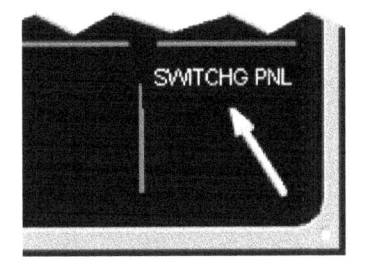

ECAM-AKTIONEN ABGESCHLOSSEN!

Wir machen weiter mit einem ADR 1 Fehler, der normalerweise ATC 1 versorgt. Angenommen, Sie sind der nicht-fliegende Pilot. Sie befinden sich im Flug, im Reiseflug, und alles ist normal. Plötzlich wird die MC ausgelöst! Auf dem E/WD lesen Sie den Titel des Fehlers. Beachten Sie auf dem PFD, dass die Geschwindigkeit, Höhe, Machzahl und barometrische Anzeigen verloren gegangen sind. Das Verfahren fordert Sie auf, den AIR DATA-Schalter auf die CAPT-Position zu stellen. Lassen Sie uns das tun.

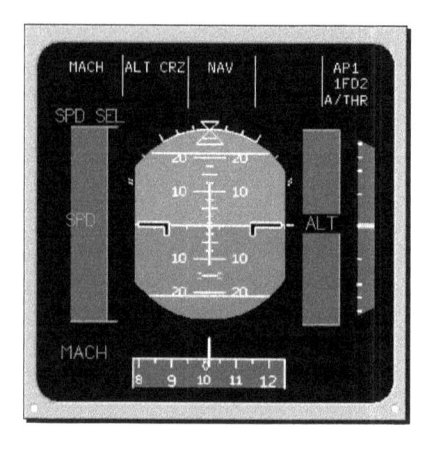

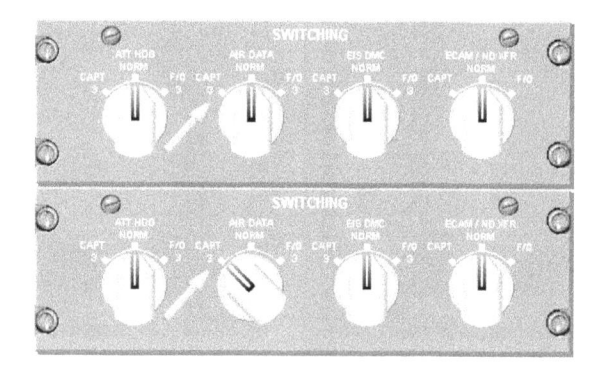

Durch das Umschalten des AIR DATA-Schalters auf CAPT 3 versorgt ADR 3 das PFD, das ND und das DDRMI des Captains anstelle des fehlerhaften ADR 1.

Fahren Sie mit den ECAM-AKTIONEN fort...

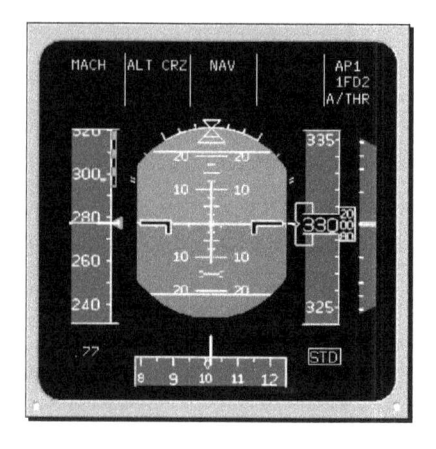

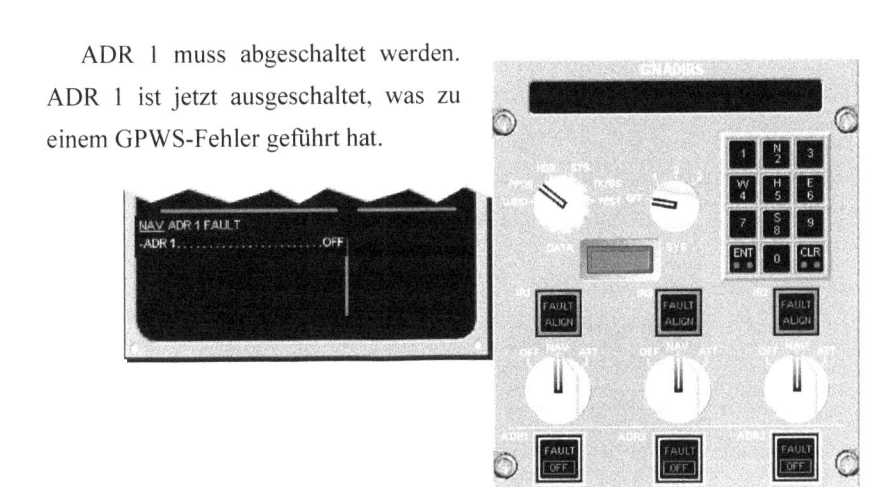

ADR 1 muss abgeschaltet werden. ADR 1 ist jetzt ausgeschaltet, was zu einem GPWS-Fehler geführt hat.

Der GPWS muss ebenfalls ausgeschaltet werden.

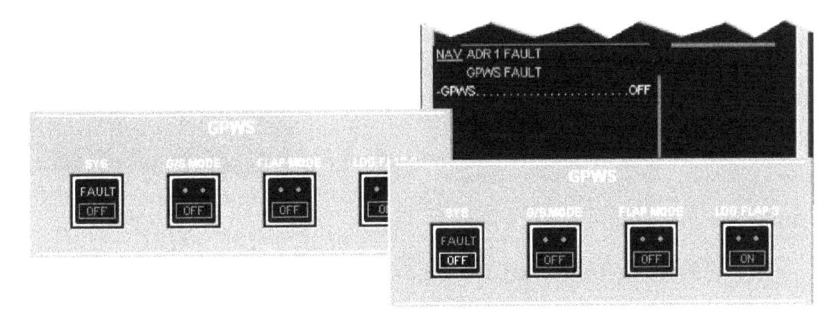

Die STATUS-Seite wird zur Überprüfung angezeigt. Eine grüne Nachricht weist darauf hin, dass die Anflugfähigkeit auf CAT 3 SINGLE ONLY reduziert wurde. In der INOP SYS-Spalte sehen Sie, dass ADR 1 und CAT 3 DUAL nun inaktiv sind. Der GPWS ist ebenfalls aufgrund des ADR 1-Fehlers nicht verfügbar.

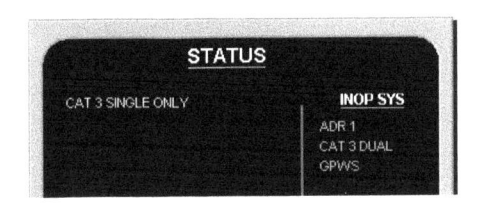

Nun sehen wir eine Demonstration einer Radioaltimeter Anomalie im Flug. Sie sind der nicht-fliegende Pilot. Sie befinden sich im Sinkflug, alles ist wieder normal, und plötzlich…

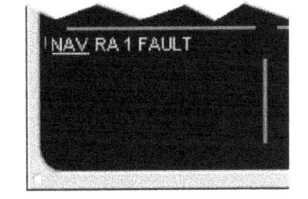

Auf dem E/WD lesen Sie den Titel des Fehlers. Da kein zugehöriges Verfahren vorhanden ist, nach Überprüfung und Bestätigung durch den PF. Die STATUS-Seite wird angezeigt und zeigt inaktive Systeme und Flugzeuginformationen. Mit nur einem RA ist CAT III nicht verfügbar, und der Fehler von RA 1 führt zum Verlust des GPWS.

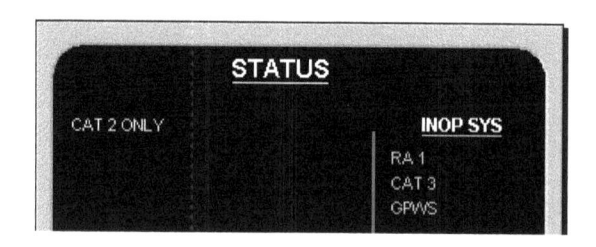

Sie fliegen manuell einen Anflug, wobei RA 1 weiterhin fehlerhaft ist, und plötzlich...

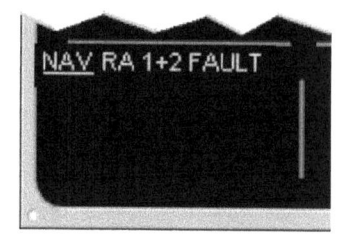

Die STATUS-Seite wird angezeigt, die inaktive Systeme und Flugzeuginformationen zeigt. Mit beiden RA fehlerhaft, sind beide APs im Anflug verloren, ebenso wie die automatischen Ansagen.

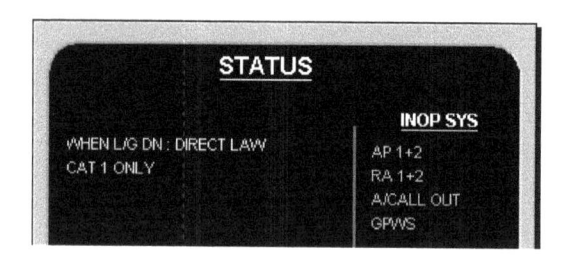

ECAM-AKTIONEN ABGESCHLOSSEN!

Jetzt werden wir studieren, wie man mit den Standby-Navigations-Tasten navigiert. Angenommen, Sie sind der nicht-fliegende Pilot, im Reiseflug, und es ist einer dieser Tage... Sie haben gerade beide FMGCs verloren.

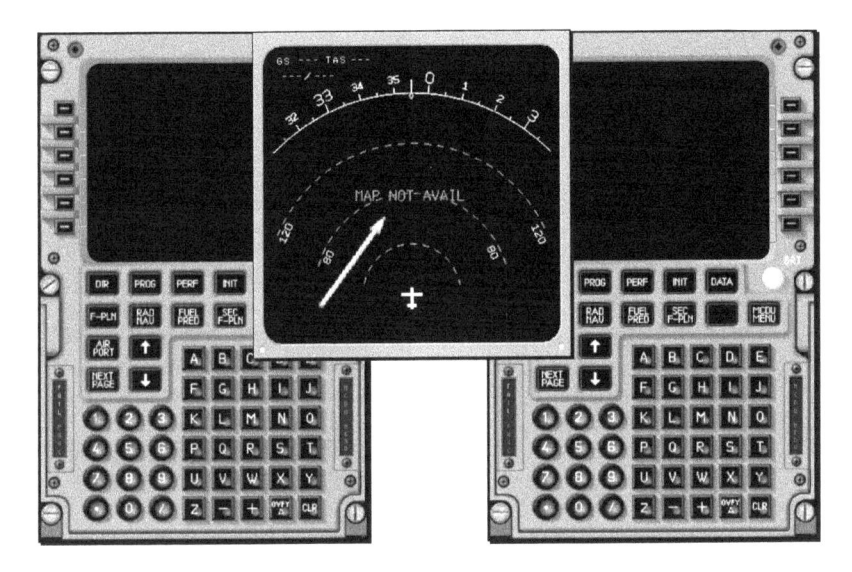

Leere MCDU-Bildschirme mit gelben FAIL-Anzeigelichtern und die rote Karte auf dem ND zeigen an, dass ein doppelter FMGC-Fehler aufgetreten ist. Hier konzentrieren wir uns auf die Navigation, daher gehen wir davon aus, dass alle Aktionen in Bezug auf andere Systeme bereits durchgeführt wurden.

Da die MCDU nicht mehr für die Navigation und das Einstellen von Navigationshilfen verfügbar sind, bleibt nur noch die Rohdaten-Navigationsfähigkeit der Funknavigationshilfen. Dazu müssen wir die Standby-Navigationshilfe-Tuning-Funktion des RMP verwenden.

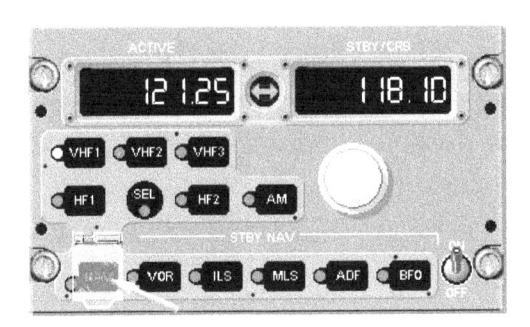

Das grüne NAV-Licht leuchtet auf, um anzuzeigen, dass RMP 1 nun im NAV-Modus ist.

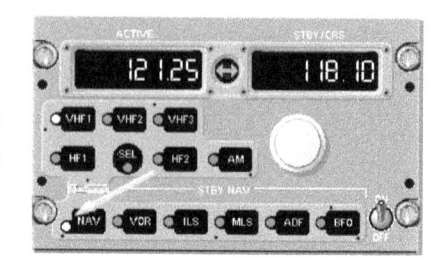

Für das Tuning von Navigationshilfen sind die RMP 1 STBY NAV-Tasten mit VOR/DME 1 und ADF 1 verbunden, während die RMP 2-Tasten mit VOR/DME 2 und ADF 2 verbunden sind.

Die STBY NAV ILS-Taste leuchtet auf. Das ACTIVE-Fenster zeigt nun die zuletzt gespeicherte ILS-Frequenz, während das STBY/CRS-Fenster die zuletzt gespeicherte ILS-Richtung anzeigt. Beachten Sie auch, dass das ausgewählte Funkgerät-Licht nun erloschen ist.

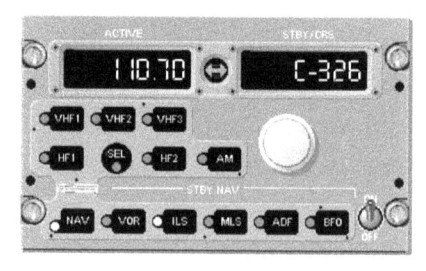

Um das RMP für die Änderung der Kommunikationsfrequenz zu verwenden, müssen Sie den STBY NAV-Modus durch Drücken der NAV-Taste deaktivieren. Alle Navigationshilfen, die den STBY NAV-Modus verwenden, bleiben jedoch weiterhin eingestellt. Nun werden wir einige Anzeigen überprüfen, die wir bei der Durchführung der vorherigen Verfahren nicht gesehen haben. Zuerst sehen wir einen ATC-Einheitsfehler. Der Code-Display wird leer, und das ATC FAIL-Licht leuchtet auf, wenn der ausgewählte Transponder ausgefallen ist, in diesem Fall Transponder 1. Der Systembetrieb kann wiederhergestellt werden, indem der andere Transponder, Transponder 2, ausgewählt wird.

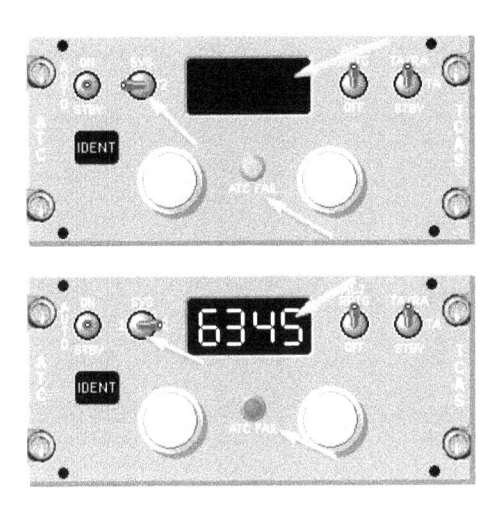

Mit der Auswahl des zweiten Transponders erscheint der Code wieder auf dem Display, und das ATC FAIL-Licht erlischt. Die ATC/TCAS-Einheit ist wieder vollständig betriebsbereit. Wir machen weiter mit den Wetterradar-Fehlermeldungen. Im Falle eines Fehlers erscheint eine Nachricht auf dem ND: Gelb für eine Radarleistungsabnahme, Rot, wenn kein Bild verfügbar ist.

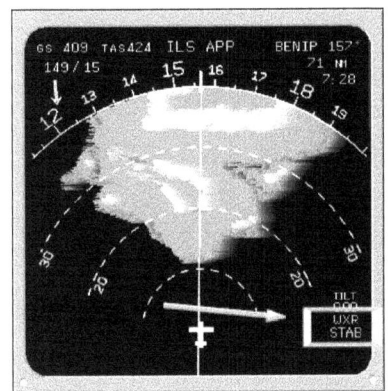

Das nächste fehlerhafte System ist das TCAS. Im Falle eines TCAS-Fehlers wird ein TCAS-Fehler auf dem E/WD angezeigt und rote TCAS-Flaggen erscheinen auf beiden PFD und ND. Beachten Sie, dass weder Warnlichter noch akustische Warnungen vorhanden sind.

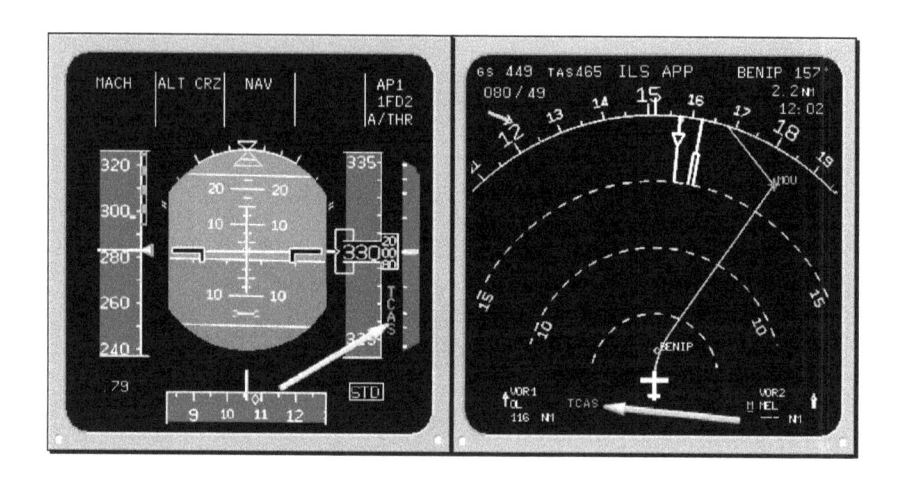

Kapitel 3

Abnormale Betriebsverfahren III

Dies dient ausschließlich zu Trainings- und Unterhaltungszwecken. Für den realen Flugbetrieb konsultieren Sie bitte die Airbus-Handbücher.

Power Plant Abnormaler Betrieb

Dies ist eine Demonstration eines Verlusts des EPR-Modus im Flug. Er wird durch N1 ersetzt. Dies ist die Rückkehr zum bewerteten N1-Modus. Wenn zusätzliche, aus EPR berechnete Parameter nicht verfügbar sind, wird der neue, degradierte Modus als nicht bewerteter N1-Modus bezeichnet. Sie befinden sich im Flug, und alles ist normal, plötzlich wird die MC ausgelöst!

Die gelbe Warnung und die zugehörige Checkliste werden auf dem E/WD angezeigt. Lesen Sie den Titel des Fehlers. Wenn der EPR verloren geht, wird der Autothrust getrennt. Der EPR-Indikator wird gelb, und der Wert wird durch eine gelbe Kreuzung angezeigt, was bedeutet, dass der EPR 1-Modus verloren gegangen ist. Der aktuelle N1-Wert wird sowohl numerisch als auch durch die Nadel in grün angezeigt. Die Nadel und der numerische Wert pulsieren gelb, wenn N1 den N1-Bewertungsgrenzwert überschreiten. Sie pulsieren rot, wenn N1 mehr als 100 % beträgt.

Der weiße Kreis zeigt die Schubhebelposition an. Dieser weiße Kreis wird im nicht bewerteten Modus nicht angezeigt. Der gelbe Index zeigt die vollständige Vorwärtsposition des Schubhebels (MAX N1) an. MAX N1 wird im nicht bewerteten Modus nicht angezeigt. Lassen Sie uns die ECAM-AKTIONEN durchführen! EGN 1 N1 MODE... ON setzen.

Auf dem ENG-Panel wechselt der Engine 1 N1 MODE-Schalter auf ON (blau). Jetzt fahren wir mit den ECAM-AKTIONEN fort.

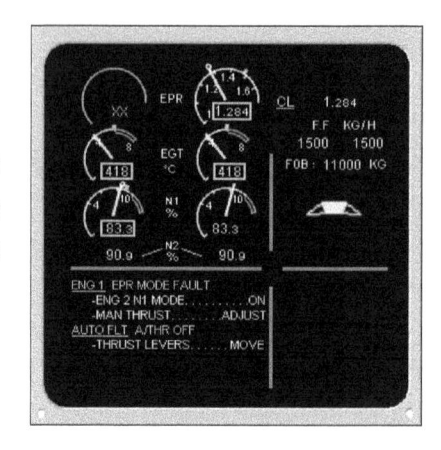

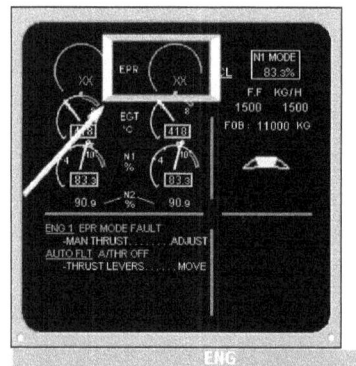

Der EPR-Indikator der Triebwerk 2 wechselt auf gelb, was darauf hinweist, dass der EPR-Modus verloren gegangen ist. Die nächste Aktion besteht darin, den Schub manuell anzupassen, je nach Anforderung. Angenommen, dies wurde erledigt.

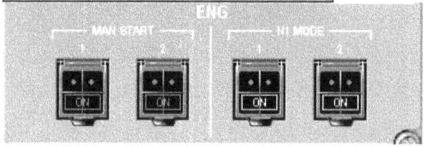

ECAM-AKTIONEN ABGESCHLOSSEN!

Werfen wir nun einen kurzen Blick auf andere Triebwerksanomalien. Die gelbe Warnung wird auf dem E/WD angezeigt. Lesen Sie den Titel des Fehlers. Auf dem Systemdisplay wird automatisch die ECAM ENGINE-Seite angezeigt. Die Anzeige des Ölfilters wird angezeigt, und der entsprechende Ölfilter ist mit CLOG in gelb markiert.

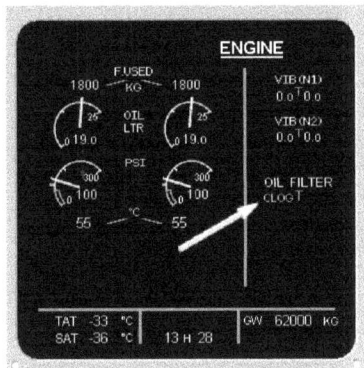

Die gleiche Art von Meldung kann auch beim Kraftstoffsystem auftreten. Die gelbe Warnung wird auf dem E/WD angezeigt. Auf dem Systemdisplay wird automatisch die ECAM ENGINE-Seite angezeigt. Die Kraftstofffilter anzeige wird angezeigt, und der entsprechende Kraftstofffilter ist mit CLOG in gelb markiert.

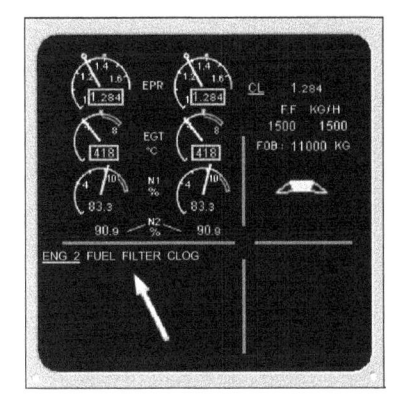

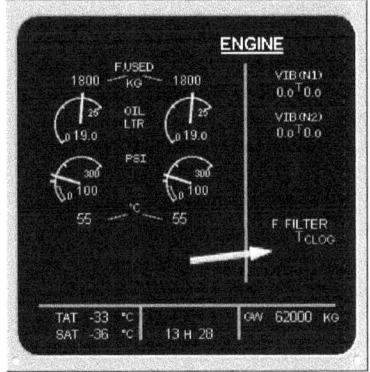

Nun eine Demonstration eines anormalen Triebwerksstarts. Dazu starten wir Triebwerk 2 in der normalen Reihenfolge. Beachten Sie, dass nach dem Wechsel des Moduswahlschalters von NORM auf IGN START die Triebwerksparameter auf dem ECAM geändert werden.

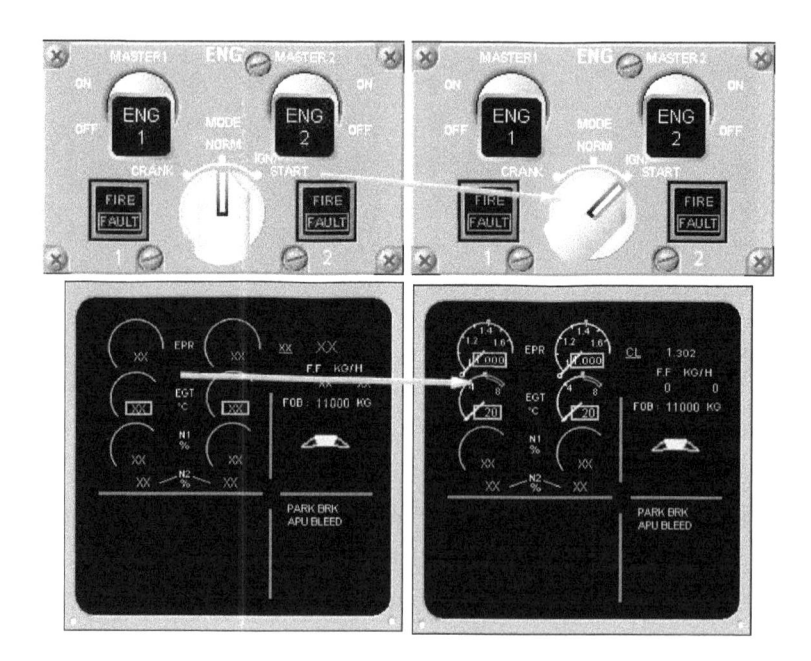

Der nächste Schritt im normalen Triebwerksstart ist, den ENG 2 MASTER auf ON zu setzen. Beachten Sie, dass der Zündkanal geöffnet wird und der N2-Parameter zunimmt (24.0).

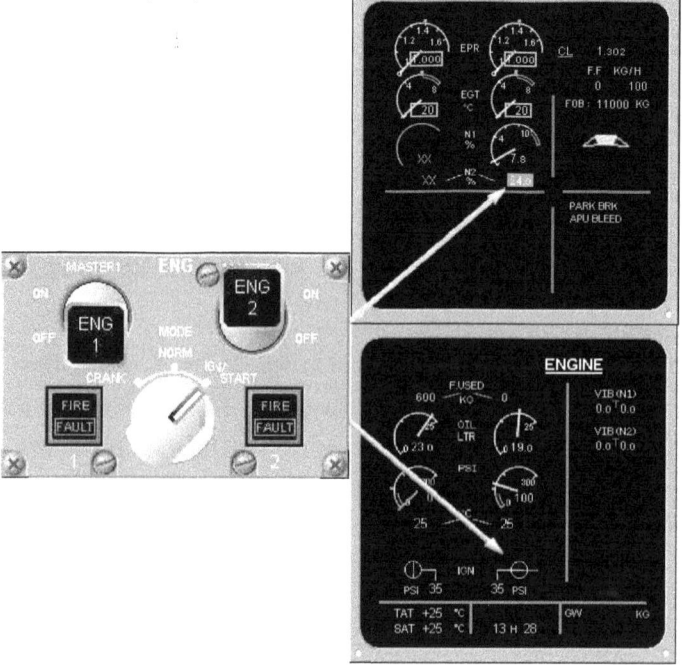

Die normale Sequenz wird fortgesetzt, und plötzlich wird der MC-Alarm ausgelöst. Da keine Zündung erfolgt, wird die Vorsicht aktiviert, und die gelbe Warnung sowie die zugehörige Checkliste werden auf dem E/WD angezeigt. Lesen Sie den Titel des Fehlers.

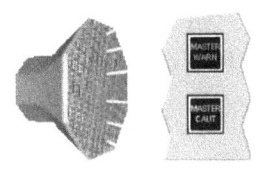

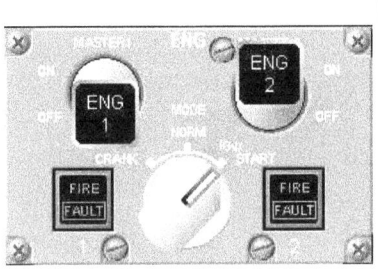

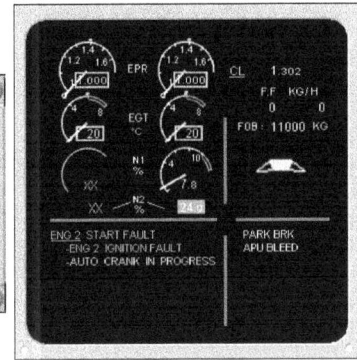

Auf dem ENG-Panel leuchtet das FAULT-Licht in gelb, was darauf hinweist, dass der automatische Start abgebrochen wurde. Automatisch schaltet der FADEC den Treibstoff ab, schaltet die Zündung aus und schließt das Startventil. Die Meldung AUTO CRANK IN PROGRESS wird auf dem E/WD angezeigt, was bedeutet, dass der FADEC automatisch eine Trocken-Drehung ausführt. Nach einigen Sekunden ist der Auto-Crank-Zyklus abgeschlossen. Die Meldung auf dem E/WD fordert Sie auf, den Abbruch des automatischen Starts zu bestätigen. Der PF wird Sie auffordern, die ECAM-Aktionen durchzuführen.

Wenn der Engine 2 Master Switch ausgeschaltet wird, verschwindet die Meldung auf dem E/WD, und das FAULT-Licht geht aus. Wir nehmen an, dass das Verfahren abgeschlossen ist.

Nun sehen wir eine andere Triebwerksanomalie.

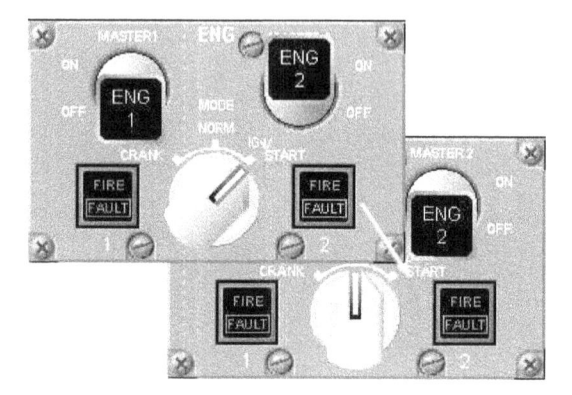

Sie sind der PNF. Alles ist normal. Wir befinden uns im Cruise, und die ECAM ENGINE-Seite ist für Sie angezeigt. Der Öldruckindikator von Triebwerk 1 pulsiert in gelb, was darauf hinweist, dass der Öldruck unterhalb des normalen Bereichs liegt. Plötzlich wird der MW-Alarm ausgelöst!

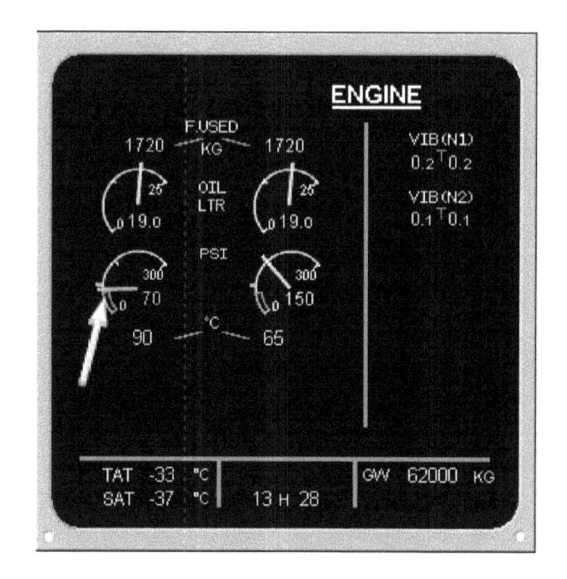

Die rote Warnung und die zugehörige Checkliste werden auf dem E/WD angezeigt. Auf dem Systemdisplay wird automatisch die ECAM ENGINE-Seite angezeigt. Der Öldruckindikator von Triebwerk 1 wird in rot angezeigt, was darauf hinweist, dass der Öldruck zu niedrig ist. Das Verfahren besteht darin, das fehlerhafte Triebwerk abzuschalten, und das war's. Wir nehmen an, dass das Verfahren abgeschlossen ist.

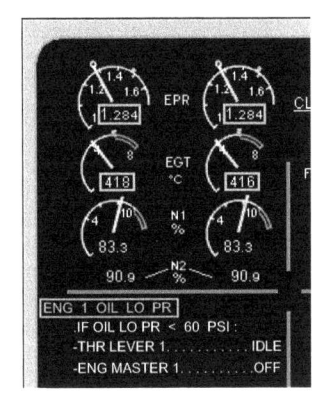

Nun sehen wir eine weitere Triebwerksanomalie. Sie sind auf dem Boden, alles ist normal. Plötzlich wird der MC-Alarm ausgelöst! Die gelbe Warnung und die zugehörige Checkliste werden auf dem E/WD angezeigt. Beachten Sie, dass wir bei sehr kaltem Wetter arbeiten. Beobachten Sie, dass die Öltemperatur immer noch in grün angezeigt wird.

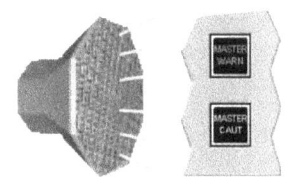

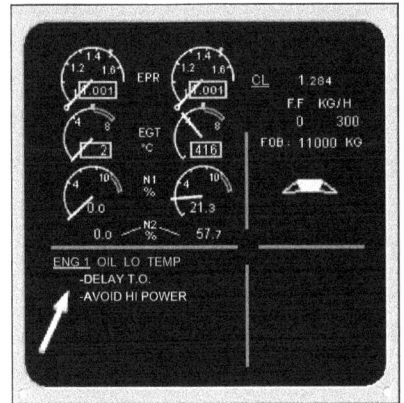

Das Verfahren verlangt, dass der Start verzögert wird. Das Triebwerk sollte vor dem Start aufgewärmt werden. Beobachten Sie, dass, wenn die Öltemperatur über den normalen Bereich steigt, die Anzeige der Öltemperatur in grün pulsiert. Beachten Sie nun, dass, wenn die Öltemperatur weiter steigt, eine ECAM-Vorsicht aktiviert wird, wenn sie über 165 Grad Celsius steigt, und die Öltemperaturanzeige wird gelb. In der Sekundärfehlermeldung erscheint die Meldung LAND ASAP in gelb. Das Flugzeug muss so schnell wie möglich landen. Beachten Sie, dass dies kein ROT LAND ASAP ist!

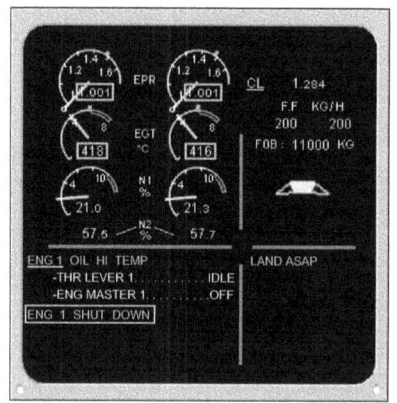

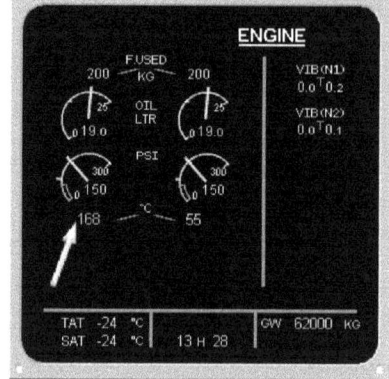

Wir schauen uns nun einige Beispiele für andere anormale Anzeigen an, die auf der ECAM ENGINE-Seite angezeigt werden können. Die Nacelle-Temperatur wird angezeigt, sobald eine Nacelle-Temperatur den normalen Bereich überschreitet. Wenn sie angezeigt wird, pulsiert nur die Nacelle-Temperatur, die über dem normalen Limit liegt, in grün.

Während der Startsequenz mit geöffnetem Startventil, wenn der Bleed-Druck vor dem Triebwerk unter dem normalen Bereich liegt, wird die Anzeige gelb. Hinweis: Dies kann während des Starts passieren, aber der Druck kehrt normalerweise zum normalen Bereich zurück. Wenn der Druck weiterhin niedrig bleibt, warten Sie auf die ECAM-Anweisungen.

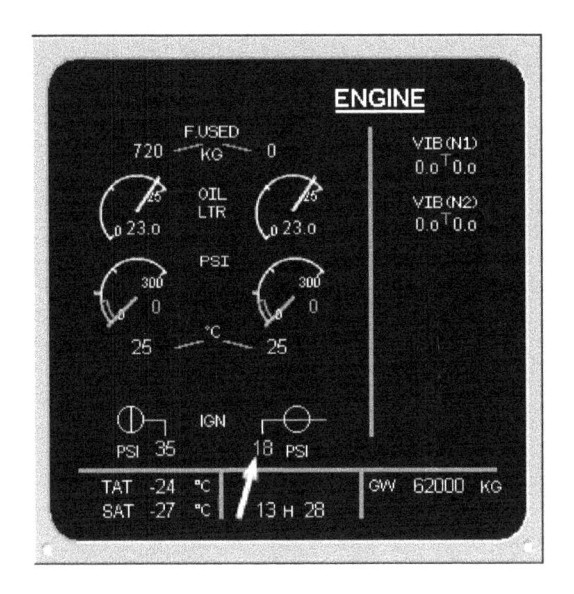

Lassen Sie uns fortfahren. Wir werden eine Demonstration einer Triebwerks-EGT-Übergrenze im Cruise sehen. Sie sind der PNF. Wir befinden uns im Flug, und alles ist normal. Beim Triebwerk 2 steigt der EGT-Wert an.

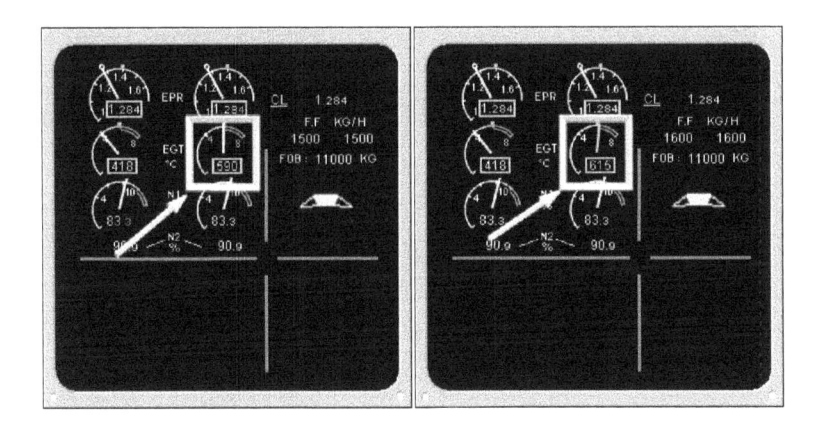

Sie haben die Vorsicht gehört und gesehen. Die gelbe Vorsicht und die zugehörige Checkliste werden auf dem E/WD angezeigt. Die Temperatur ist weiter gestiegen. Auf dem EGT-Indikator sind die Anzeigen in rot gewechselt und blinken. Die einzige ECAM-Aktion besteht darin, den Schubhebel zu bewegen. Wir werden dies für Sie tun.

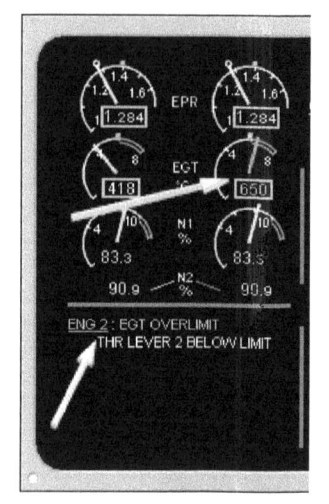

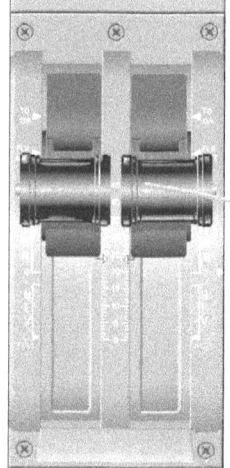

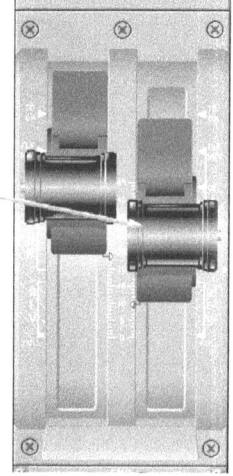

Der EGT-Wert von Triebwerk 2 wechselt von rot auf grün. ECAM-Aktionen abgeschlossen.

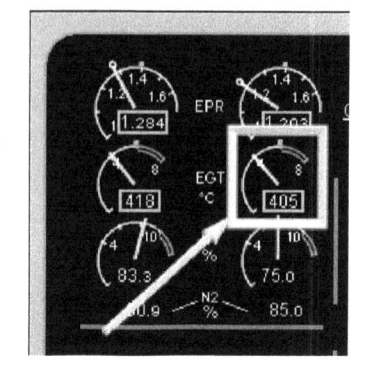

Nun sehen wir eine weitere Triebwerksanomalie auf dem E/WD. Wir befinden uns im Flug und alles ist normal. Plötzlich wird der MC-Alarm erneut ausgelöst! Eine gelbe CHECK-Meldung wird neben dem EGT-Indikator von Triebwerk 1 angezeigt, was darauf hinweist, dass es eine Diskrepanz zwischen dem auf dem ECAM angezeigten Wert und dem tatsächlichen Wert gibt.

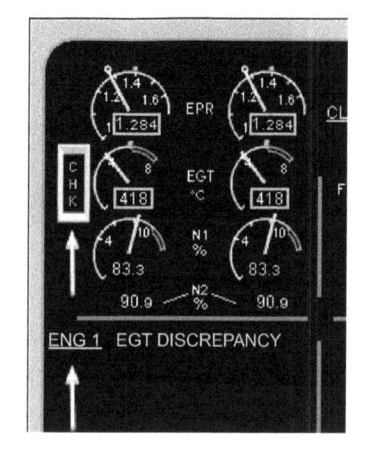

Eis- und Regenabnormalität

Dies ist eine Demonstration eines Ausfalls der linken Windschutzscheibenheizung im Flug. Sie fliegen derzeit auf Ihrer Reiseflughöhe, alles ist normal, plötzlich wird der MC-Alarm ausgelöst!

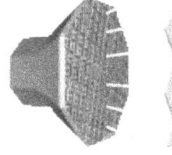

Auf dem E/WD lesen Sie den Titel des Fehlers. In diesem Beispiel weist die blaue Linie darauf hin, dass Sie vereiste Bedingungen vermeiden sollten. Beachten Sie, dass keine Systemseite aufgerufen wird. Nachdem Sie die Empfehlung zur Kenntnis genommen und die Bestätigung des PF erhalten haben...

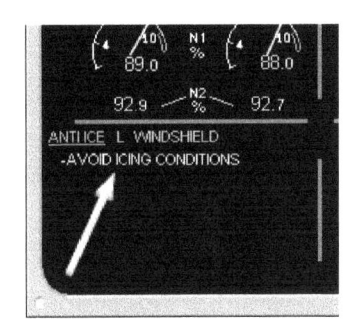

Die STATUS-Seite wird jetzt angezeigt und erinnert Sie daran, vereiste Bedingungen zu vermeiden. Das inoperative System ist die linke Windschutzscheibenheizung. ECAM-AKTIONEN ABGESCHLOSSEN!

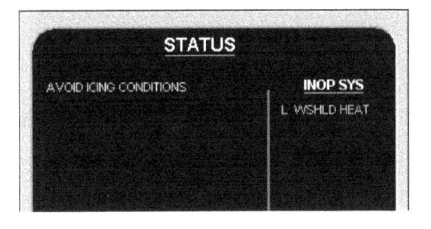

Fahren wir fort mit einem Fehler der Pitot-Heizung des Kapitäns im Flug. Sie befinden sich weiterhin im Cruise, alles ist wieder normal, plötzlich wird der MC-Alarm ausgelöst!

Auf dem E/WD lesen Sie den Titel des Fehlers. Diesmal funktioniert die Pitot-Heizung des Kapitäns nicht. Dies könnte zu einer Eisansammlung auf der Pitot-Röhre des Kapitäns führen, was falsche Geschwindigkeitsinformationen verursacht.

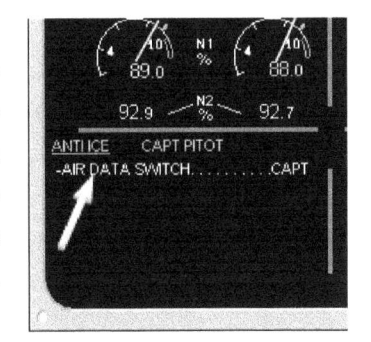

Um sicherzustellen, dass gültige Informationen für die Instrumente des Kapitäns bereitgestellt werden, sollte die Luftdatensource geändert werden. Der PF wird Sie auffordern, die ECAM-Aktionen durchzuführen.

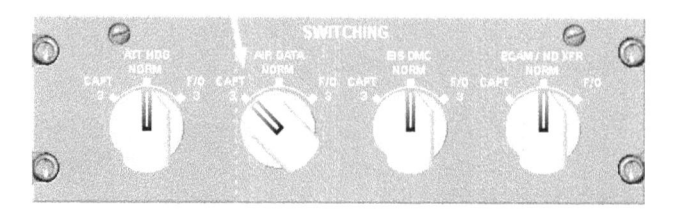

Indem Sie CAPT 3 am AIR DATA-Sw auswählen, ersetzt ADR 3 ADR 1, um gültige Daten für die Instrumente des Kapitäns bereitzustellen. Hinweis: AIR DATA sollte nicht auf CAPT 3 geschaltet werden, wenn ADR 3 nicht verfügbar ist.

Auf dem E/WD wird die Memo-Meldung "SWITCHING PNL" angezeigt, um Sie daran zu erinnern, dass die ADR des Kapitäns umgeschaltet wurde. Die STATUS-Seite wird angezeigt. Das inoperative System ist die Pitot-Heizung des Kapitäns. ECAM-AKTIONEN ABGESCHLOSSEN!

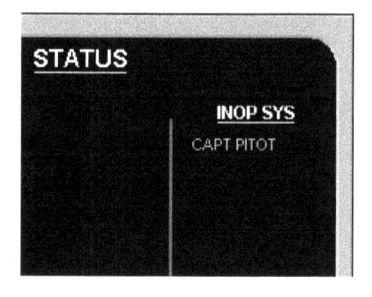

Plötzlich wird der MC-Alarm erneut ausgelöst. Auf dem E/WD lesen Sie den Titel des Fehlers. Die ECAM-Vorsicht „WING A.ICE SYS FAULT" erscheint, was bedeutet, dass mindestens eines der Wing Anti-Ice-Ventile nach dem Einschalten des Systems nicht geöffnet wurde. Beachten Sie, dass automatisch die ECAM BLEED-Seite aufgerufen wird. Bevor Sie die ECAM-Aktionen anwenden, sollten Sie die erste Meldung klären.

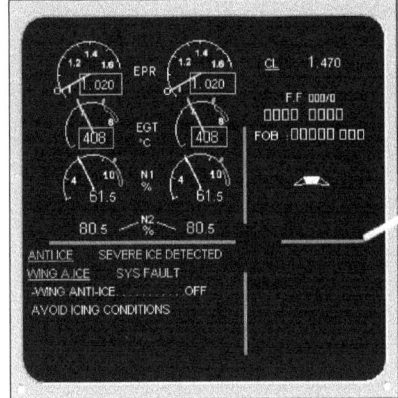

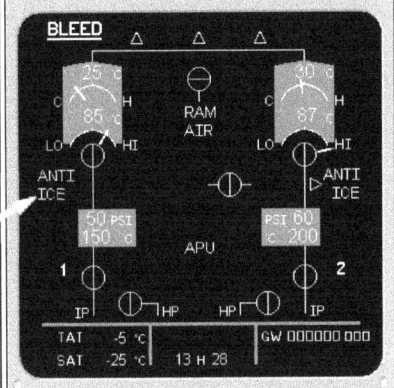

Auf der ECAM BLEED-Seite ist kein grüner Pfeil auf der linken Seite zu sehen, was bedeutet, dass das linke Wing Anti-Ice-Ventil nicht geöffnet ist. Beachten Sie, dass das FAULT-Licht im WING anti-ice pb sw weiterhin leuchtet. Der PF wird Sie auffordern, die ECAM-Aktionen durchzuführen.

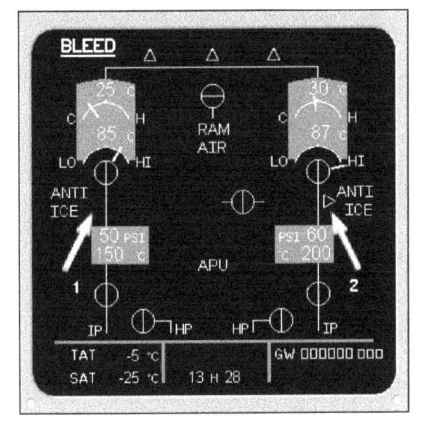

Auf der Systemseite sind alle Wing Anti-Ice-Anzeigen verschwunden, was bedeutet, dass das Wing Anti-Ice-System nicht mehr funktioniert. Die ECAM fordert Sie auf, vereiste Bedingungen zu vermeiden.

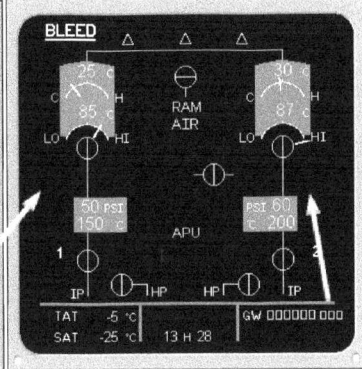

Die STATUS-Seite wird aufgerufen. Die Meldung „AVOID ICING CONDITIONS" wird angezeigt. Das inoperative System ist das Wing Anti-Ice. ECAM-AKTIONEN ABGESCHLOSSEN!

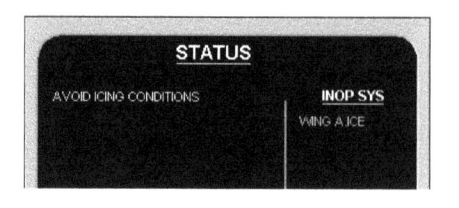

Feuerlöschsystem Abnormalität

Fahren wir fort mit einem der wichtigsten System schutzmechanismen. Sie befinden sich im Flug, alles ist normal, plötzlich wird der MW ENG 1 FIRE ausgelöst. Auf dem E/WD wird die Meldung ENG 1 FIRE zusammen mit der entsprechenden Prozedur angezeigt. Der beleuchtete FIRE pb sw auf der FIRE-Tafel und das FIRE-Licht auf der ENG-Tafel bestätigen diese Anzeige. Auf dem SD wird die entsprechende Seite mit der pulsierten Nacelle-Temperatur angezeigt.

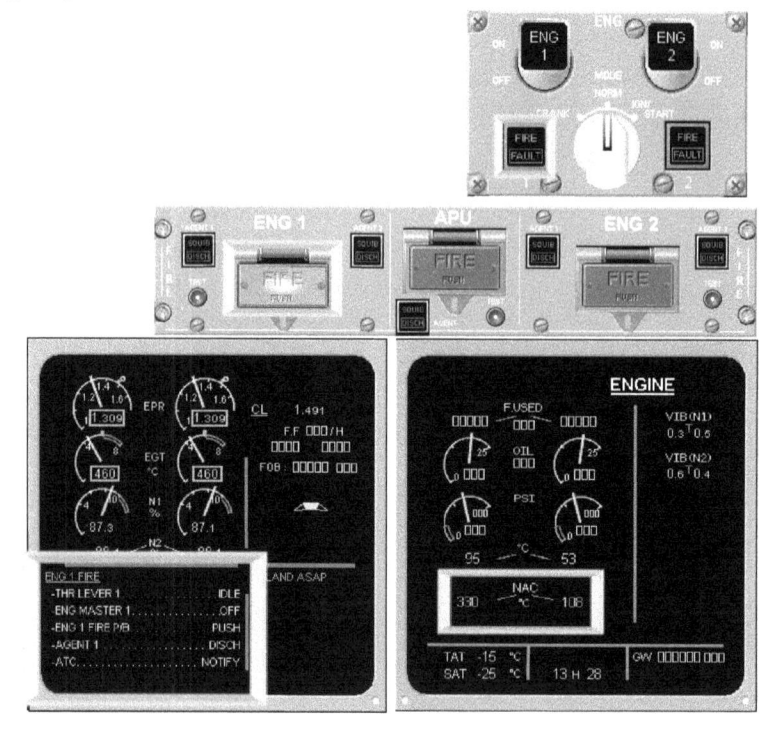

Der PF behält die Kontrolle über das Flugzeug und bittet Sie als PNF, die ECAM-Maßnahmen durchzuführen. Triebwerk 1 fährt herunter, Triebwerk 2 beschleunigt, um den Schubverlust auszugleichen. Sie haben nun genau die gleiche Situation wie bei einem Triebwerksausfall, also stellt der PF den Schubhebel 2 auf MCT. Lassen Sie uns mit den ECAM-Maßnahmen fortfahren...

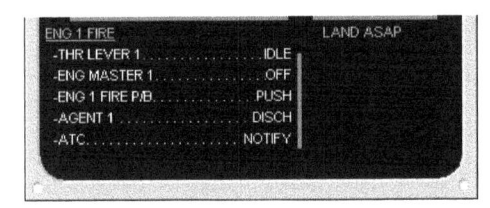

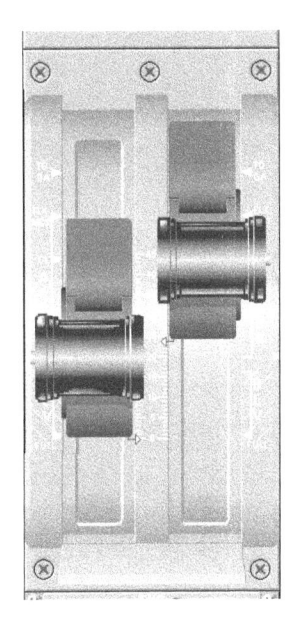

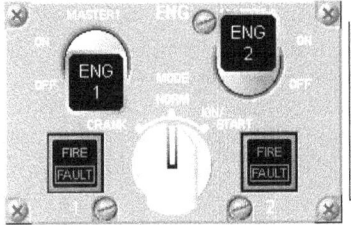

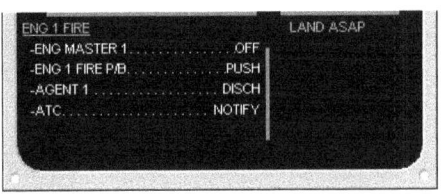

Nachdem ENG 1 abgeschaltet wurde, wird die ENG 1 SHUT DOWN-Prozedur auf dem E/WD angezeigt. Da die IP- und HP-Ventile schließen und der Generator nicht mehr arbeitet, werden AIR BLEED und ELEC als sekundäre Ausfälle angezeigt. Nachdem das Triebwerk abgeschaltet wurde, können Sie sich jetzt dem Feuer selbst widmen. Um den ENG 1 FIRE pb zu betätigen, müssen Sie den ENG 1 FIRE pb Guard anheben.

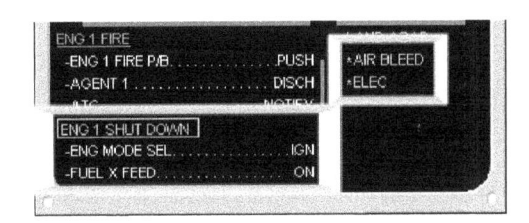

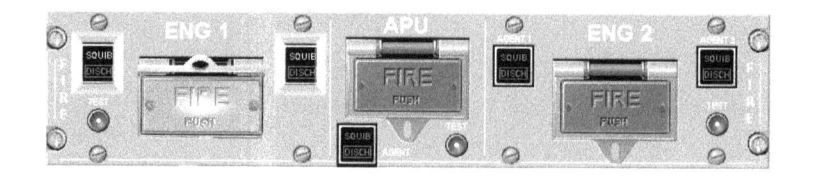

Wenn der Schalter losgelassen wird, aktiviert der FIRE pb sw:

• Armiert die SQUIBs, angezeigt durch die weißen Indikationen.
•
• Schließt die FUEL, HYDRAULIC, BLEED- und PACK-Ventile von ENG 1.

Aus diesem Grund wird das HYD-System in die Liste der sekundären Ausfälle aufgenommen. Gleichzeitig wird ein automatischer Countdown auf dem ECAM gestartet. Dies soll dem Triebwerk ermöglichen, weiter herunterzufahren, um die Wirksamkeit des Löschmittels zu erhöhen. Die nächste Zeile der ECAM-Prozedur fordert die Entladung der Feuerlöschflasche.

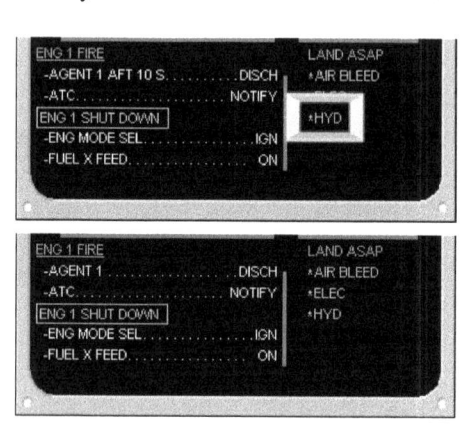

ECAM-Maßnahmen fortsetzen! Das DISCH-Licht leuchtet auf dem AGENT 1 pb auf. Dies bedeutet, dass die Feuerlöschflasche drucklos ist.

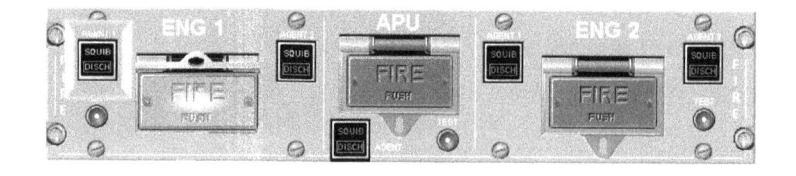

Jetzt ist es Zeit, die ATC zu informieren. Da es kein Feedback an die FWC gibt, wird diese Zeile nicht verschwinden. Alle Anzeigen bestätigen, dass das Feuer noch brennt. Ein zweiter Countdown wird nun gestartet. Dieser dauert 30 Sekunden, um dem ersten Löschmittel genügend Reaktionszeit zu geben. Wenn das Feuer zu irgendeinem Zeitpunkt erlischt, wird die ENG 1 FIRE-Meldung verschwinden.

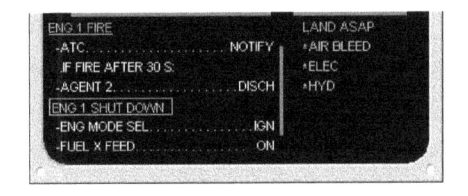

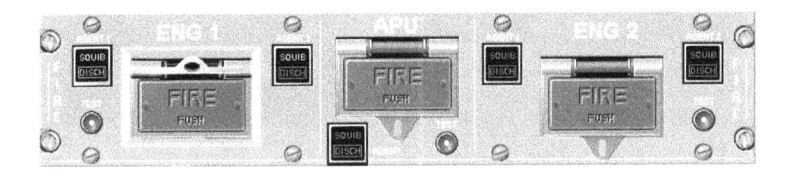

Agent 1 hat das Feuer gelöscht. Der Countdown für Agent 2 stoppt sofort. Beachten Sie: Der ENG 1 FIRE pb sw ist nicht mehr beleuchtet. Das FIRE-Licht auf der ENG-Tafel ist jetzt aus. Die ENG FIRE-Prozedur auf dem ECAM ist verschwunden. LAND ASAP hat sich von rot auf gelb geändert.

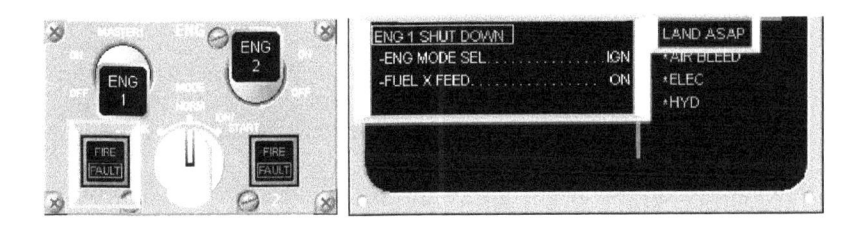

Da die nächsten Schritte Teil anderer Kapitel sind, stoppen wir hier und fahren mit dem nächsten Ausfall fort. Sie haben eine sichere Landung durchgeführt und das Flugzeug gewechselt. Sie sind wieder im Kreuzflug, alles ist normal, aber leider ist es einer dieser Tage. Plötzlich wird wieder der MW ausgelöst.

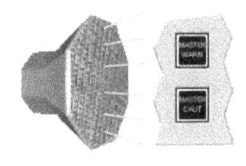

Auf dem E/WD wird die Meldung FWD CARGO SMOKE zusammen mit der entsprechenden Prozedur angezeigt. Gleichzeitig leuchtet das rote SMOKE-Licht auf der CARGO SMOKE-Tafel auf und die COND-Seite wird auf dem SD angezeigt.

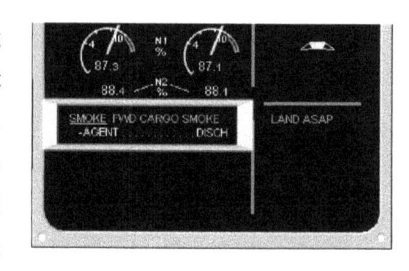

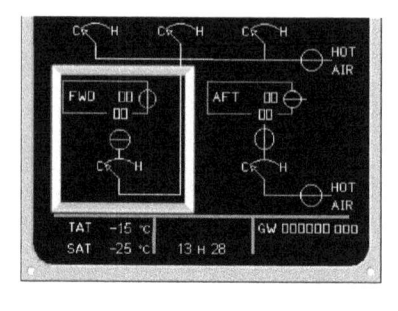

Die FWD CARGO ISOLATION VALVES haben sich automatisch geschlossen. Wenn dies nicht der Fall gewesen wäre, würde die entsprechende Zeile zur ECAM-Prozedur hinzugefügt worden sein. Lassen Sie uns die ECAM-Maßnahmen durchführen!

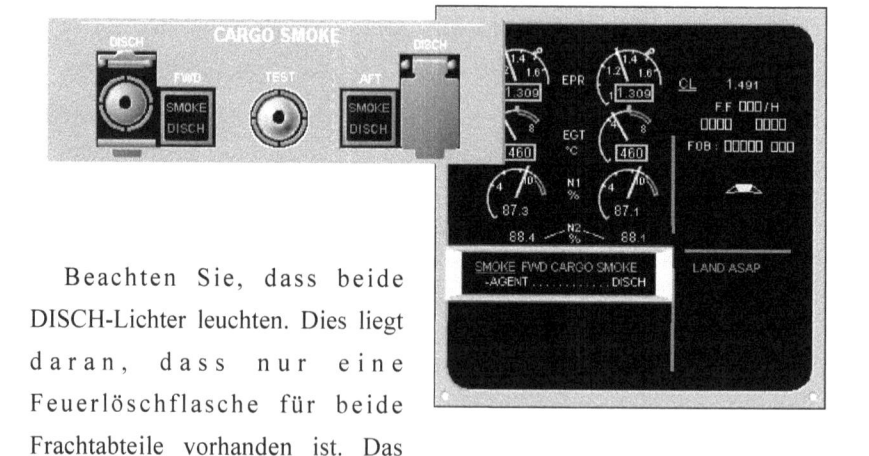

Beachten Sie, dass beide DISCH-Lichter leuchten. Dies liegt daran, dass nur eine Feuerlöschflasche für beide Frachtabteile vorhanden ist. Das bedeutet, dass kein Löschmittel mehr für eine mögliche AFT CARGO SMOKE-Warnung zur Verfügung steht. Hinweis: Erwarte, dass die SMOKE-Warnung nach der Entladung des Löschmittels bestehen bleibt, auch wenn die

Quelle des Rauchs bereits gelöscht ist. Gase von der Rauchquelle werden nicht evakuiert, und die Rauchmelder sind empfindlich gegenüber dem Löschmittel.

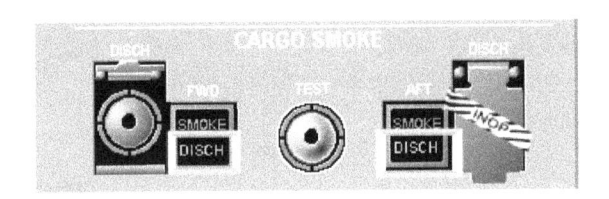

Wir stoppen hier und fahren mit dem nächsten Ausfall fort. Wenn einer der beiden Feuererkennungsloops eines Triebwerks ausfällt, wird eine ECAM-Meldung ausgelöst.

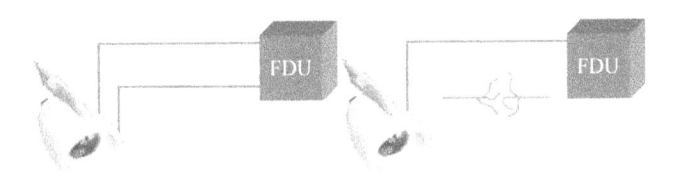

Wegen der Systemredundanz bleibt die Feuererkennung weiterhin voll funktionsfähig. Lassen Sie uns sehen, was passiert, wenn der zweite Loop ausfällt. Der MC-Alarm wird ausgelöst! Sollten beide Loops oder das FDU ausfallen, ist die Feuererkennung für das jeweilige Triebwerk oder den APU nicht mehr verfügbar.

ENG 1 FIRE LOOP B FAULT

Die Mannschaft muss nun besonders aufmerksam sein und die jeweiligen Triebwerksanzeigen genau überwachen. Hinweis: Sollten beide Loops innerhalb von 5 Sekunden ausfallen, wird eine FIRE-Warnung ausgelöst.

ENG 1 FIRE DET FAULT

Kommunikationsabnormalitäten

Dies ist eine Demonstration der kontinuierlichen VHF-Übertragung. Du bist der PNF. Alles ist normal, du befindest dich im Kreuz-Flug, als plötzlich der MC-Alarm ausgelöst wird!

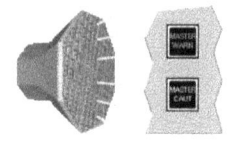

Auf dem E/WD, lies den Titel des Fehlers. Beachte, dass keine ECAM-Aktionen angezeigt werden und dass keine Systemseite für diesen Fehler aufgerufen wird. Das VHF 1-Radio sendet kontinuierlich. Die wahrscheinlichste Ursache dafür ist ein verklemmter PTT-Schalter. Überprüfe daher alle PTTs.

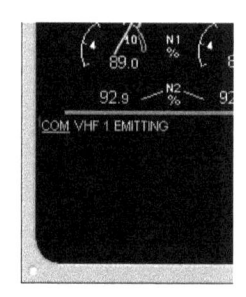

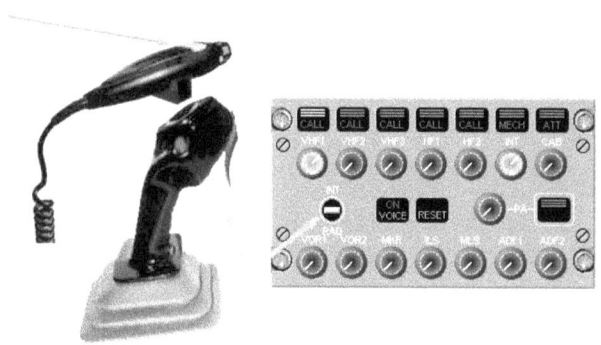

Du hast einen PTT-Schalter gefunden, der sich in der "Senden"-Position verklemmt hat. Nachdem du ihn losgelassen hast, verschwindet die ECAM-Meldung. Lassen Sie uns nun einen anderen Kommunikationsfehler betrachten. Du befindest dich immer noch im Kreuz-Flug und alles ist wieder normal. Die ATC bittet dich, die Frequenz zu wechseln. Als du jedoch dein RMP überprüfst, sind alle Anzeigen leer. Beachte, dass der ON/OFF-Schalter auf ON steht. Es gibt keine ECAM-Warnung für diese Anomalie.

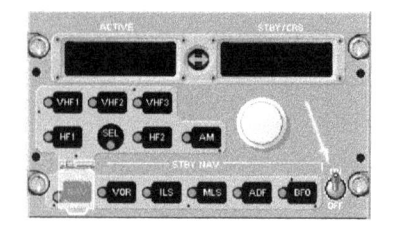

RMP 2 **RMP 3**

Die leeren Anzeigen ohne beleuchtete Lichter zeigen einen RMP-Fehler an. Alle Funkfrequenz-Einstellungen müssen jetzt mit RMP 2 oder RMP 3 vorgenommen werden. Beachte, dass das SEL-Licht aufleuchtet, da RMP 2 verwendet wird, um VHF 1 einzustellen.

Nun lassen Sie uns einen weiteren Fehler betrachten. Du sitzt im linken Sitz. Während des Kreuz-Flugs erreichst du einen Meldepunk auf deiner Route. Du versuchst, an ATC zu senden, indem du den Side Stick PTT betätigst, aber du erhältst keine Antwort. Als du deinen ACP überprüfst, siehst du, dass alle Lichter erloschen sind. Du versuchst, VHF 1 für die Übertragung auszuwählen, aber deine Auswahl hat keine Wirkung.

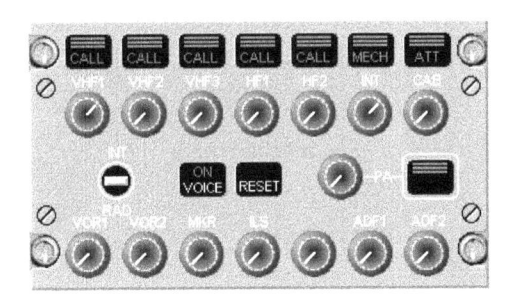

Da du ACP 1 verwendest, kannst du die Audio-Kontrolle über ACP 3 wiederherstellen, indem du die CAPT 3-Position am AUDIO SWITCHING-Selektor auf dem Überkopfbedienfeld auswählst.

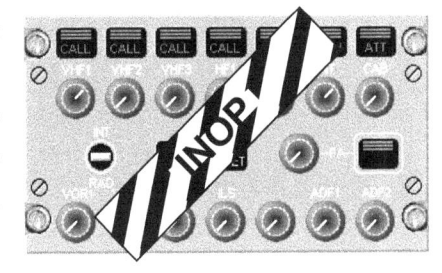

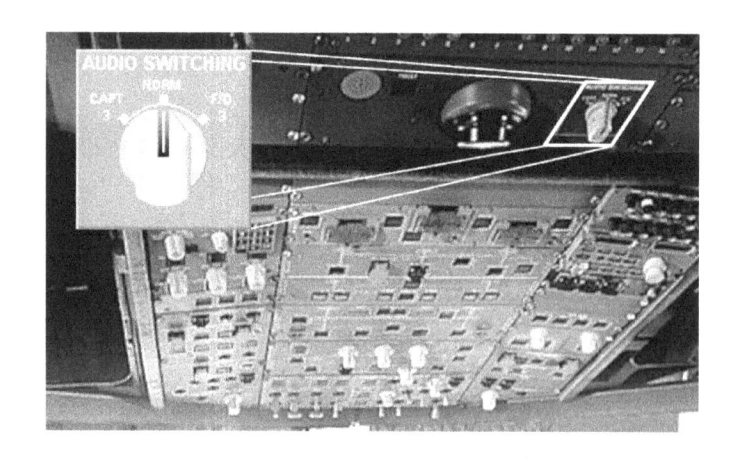

Diese Auswahl deaktiviert ACP 1. Die Übertragungs- und Empfangsfunktionen des Captain-Boomsets, der Sauerstoffmaske und des Handmikrofons werden jetzt über ACP 3 gesteuert. Die AUDIO 3 XFRD-Meldung erscheint auf dem E/WD, um anzuzeigen, dass eine Audio-Umschaltung vorgenommen wurde.

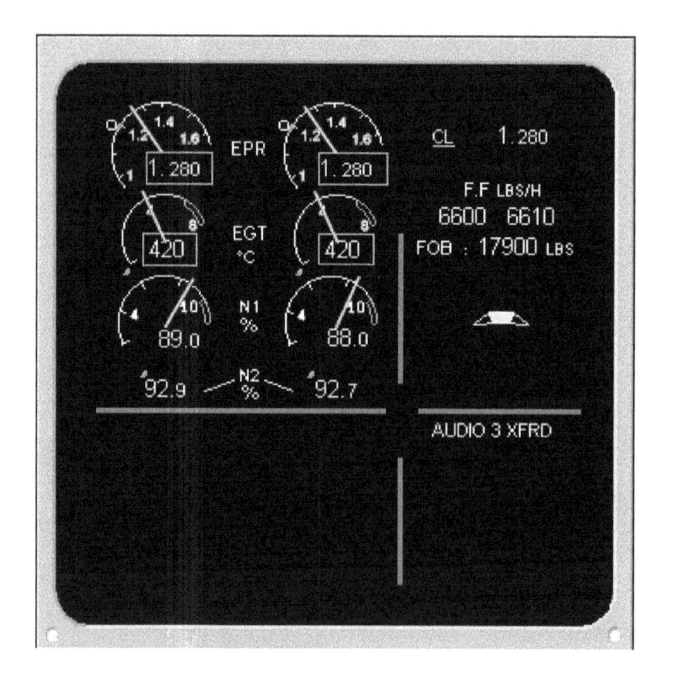

Kapitel 4

Abnormale Betriebsverfahren IV

Dies dient ausschließlich zu Trainings- und Unterhaltungszwecken. Für den realen Flugbetrieb konsultieren Sie bitte die Airbus-Handbücher.

Unregelmäßiger Betrieb des Fahrwerks

Dies ist eine Demonstration eines unregelmäßigen Fahrwerksbetriebs. Du bist der PNF. Du befindest dich im Anflug, die Geschwindigkeit beträgt 200 Knoten, alles ist normal. Als du das Fahrwerk ausfährst, wird der MW-Alarm ausgelöst!. Auf dem E/WD, lies den Titel des Fehlers.

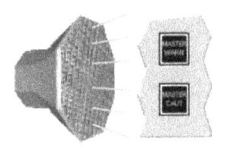

Auf der ECAM WHEEL-Seite wird die Fahrwerksanzeige in Rot angezeigt, was bedeutet, dass das linke Hauptfahrwerk nicht ausgefahren und verriegelt ist. Die Nachricht L/G CTL wird in Amber angezeigt, um anzuzeigen, dass das Fahrwerk und die Fahrwerkshebel position nicht übereinstimmen.

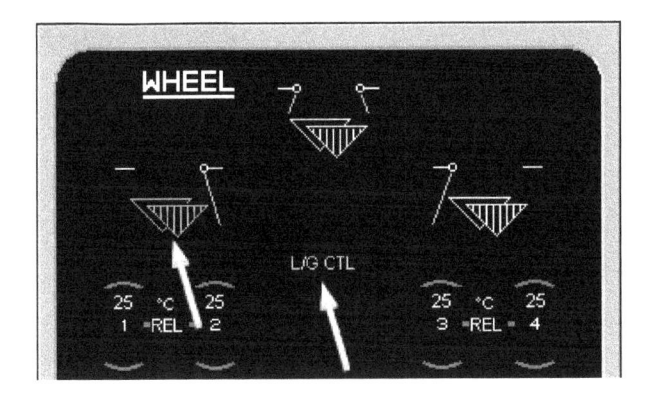

Auf dem Fahrwerks bedienfeld wird die UNLK-Anzeige in Rot angezeigt, was darauf hinweist, dass das Fahrwerk nicht verriegelt ist. Der Fahrwerkshebel zeigt ebenfalls einen roten Pfeil, was bedeutet, dass das Fahrwerk nicht ausgefahren und verriegelt ist.

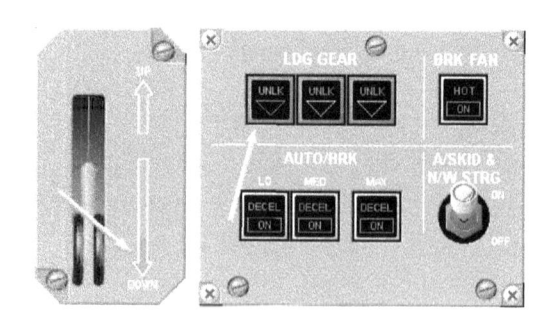

Nach Durchführung der ECAM-Aktionen war das Wiederholen des Vorgangs nicht erfolgreich und das Fahrwerk ist weiterhin unsicher. Das Fahrwerk wird erneut ausgefahren, aber der Fehler bleibt bestehen. Die nächste ECAM-Aktion erfordert ein Verfahren, das nicht Teil des ECAM ist, aber im QRH beschrieben wird. Dieses nicht-ECAM-Verfahren fordert dich auf, das Fahrwerk durch Gravitationsausfahrt zu betätigen. Um das Fahrwerk durch Gravitation auszufahren, muss die Handkurbel gezogen und im Uhrzeigersinn etwa 3 Umdrehungen gedreht werden.

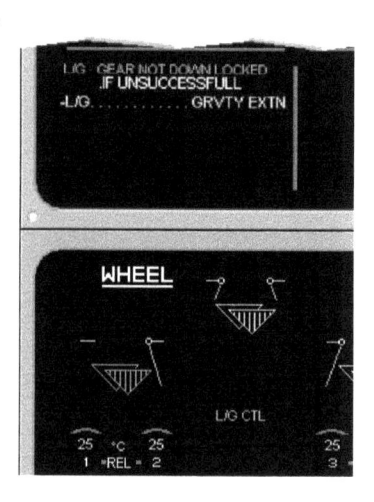

GRAVITY GEAR EXTN Handkurbel.....ZIEHEN und DREHEN
LANDING GEAR LEVER...........................RUNTER GEAR
DOWN INDICATIONS......................PRÜFEN

Die Handkurbel wurde 3-mal gedreht. Der Fehler wird nicht mehr auf dem E/WD angezeigt. Hinweis: Nach der Gravitationsausfahrt muss der Hebel verstaut werden, um die PARKBREMSE betätigen zu können. Nach der Gravitationserweiterung ist das Fahrwerk ausgefahren und verriegelt.

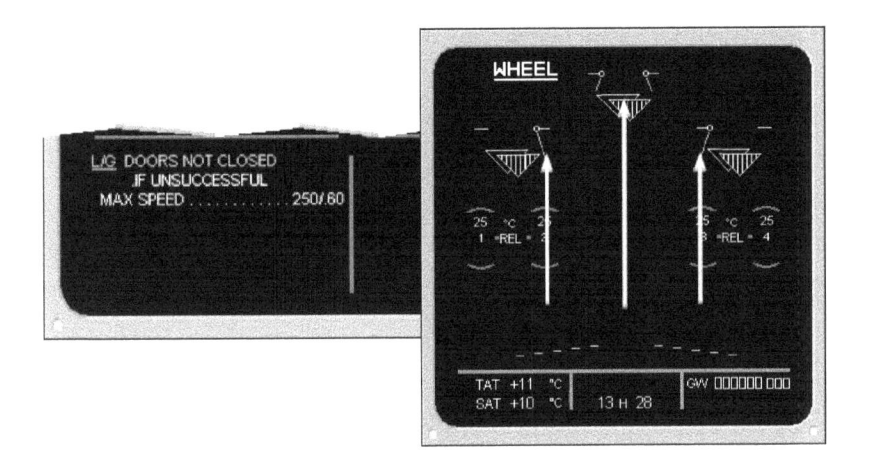

Die Fahrwerksklappen bleiben geöffnet. Auf der ECAM WHEEL-Seite wird dies durch die amberfarbenen Klappenanzeigen im offenen Zustand angezeigt, zusammen mit der Fehlermeldung auf dem E/WD. Die Status-Seite wird angezeigt. In der linken Spalte steht Approach CAT 3 SINGLE only, in der rechten Spalte sind CAT 3 DUAL und NW STEER als inoperative Systeme angezeigt.

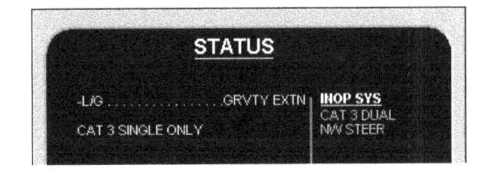

Ebenso können andere Fehler auf der ECAM WHEEL-Seite angezeigt werden. Schauen wir uns ein Beispiel an. In diesem Fall erkennt ein System (LGCIU 1) das Nasenfahrwerk in

Bewegung und zeigt das rote Dreieck an. Das andere System (LGCIU 2) erkennt das Nasenfahrwerk als ausgefahren und verriegelt und zeigt ein grünes Dreieck an. Bei jedem Fahrwerk genügt ein grünes Dreieck, um anzuzeigen, dass das Fahrwerk ausgefahren und verriegelt ist.

Beim Hauptfahrwerk fehlt ein Dreieck, was bedeutet, dass das Fahrwerk von einem System (LGCIU 2) als hoch und verriegelt erkannt wird. Das andere Dreieck ist rot, weil das andere System (LGCIU 1) das Fahrwerk in Bewegung erkennt.

Die Nachricht UP LOCK erscheint, wenn das Fahrwerk ausgefahren und verriegelt ist, aber mit einem Fahrwerks-Hochsperrmechanismus betätigt. Sie ist mit einer ECAM-Aktion verbunden.

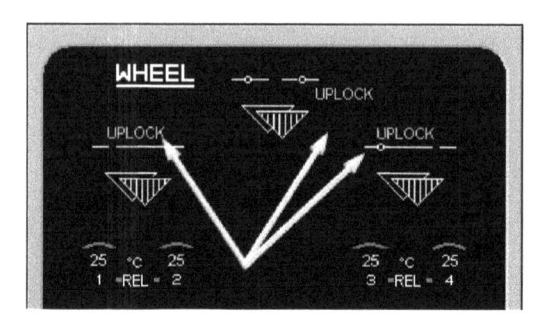

Die Nachricht STEERING erscheint im Fall eines Fehlers in der Nasenradsteuerung. Sie ist ebenfalls mit einer ECAM-Aktion verbunden.

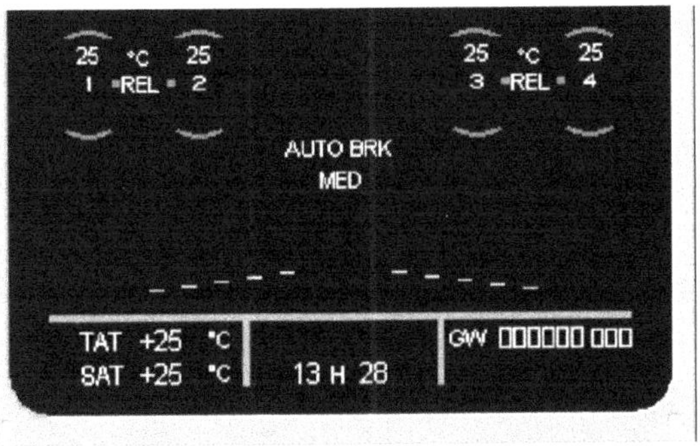
25 °C 25
1 REL 2
25 °C 25
3 REL 4
AUTO BRK
MED
TAT +25 °C
SAT +25 °C
13 H 28
GW

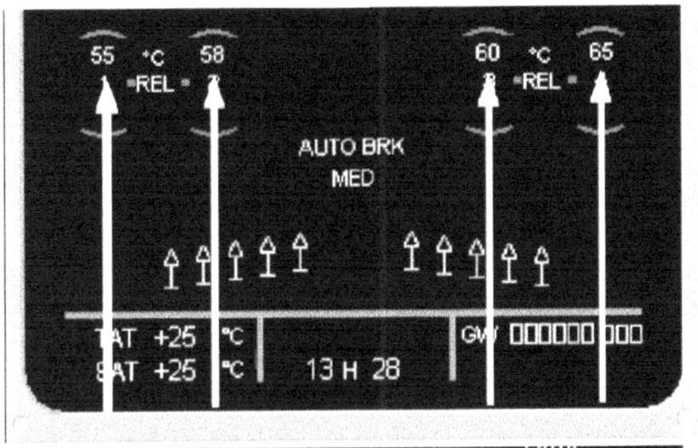
55 °C 58
REL
60 °C 65
REL
AUTO BRK
MED
+25 °C
+25 °C
13 H 28

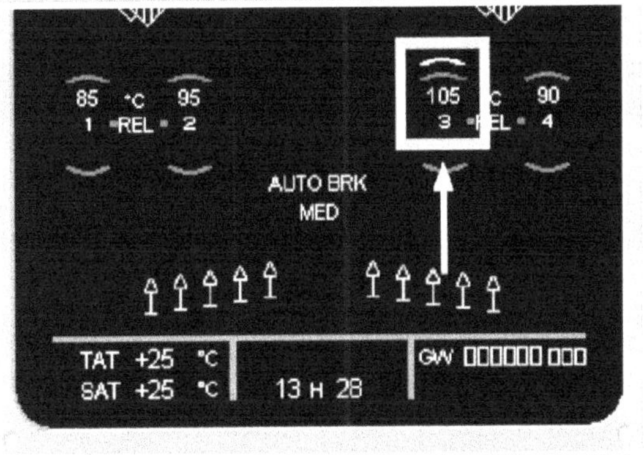
85 °C 95
1 REL 2
105
3
90
4
AUTO BRK
MED
TAT +25 °C
SAT +25 °C
13 H 28
GW

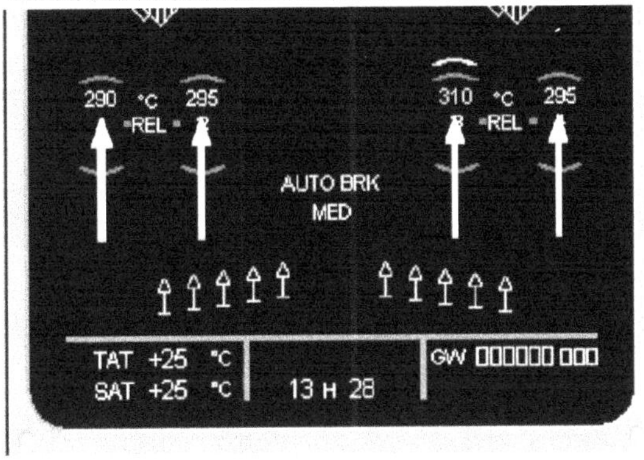
290 °C 295
REL
310 °C 295
REL
AUTO BRK
MED
TAT +25 °C
SAT +25 °C
13 H 28
GW

Unregelmäßiger Betrieb des Fahrwerks

Die beiden identischen Flight Warning Computers (FWC) empfangen Daten von: den Sensorsystemen des Flugzeugs zur Erzeugung von roten Warnungen und vom SDAC, um amberfarbene Vorsichtsmaßnahmen zu erzeugen. Die FWC liefern dann an: den DMC für die Anzeige der Warnmeldungen, die Attention Getters und die Lautsprecher für akustische Warnungen und synthetische Sprachmeldungen.

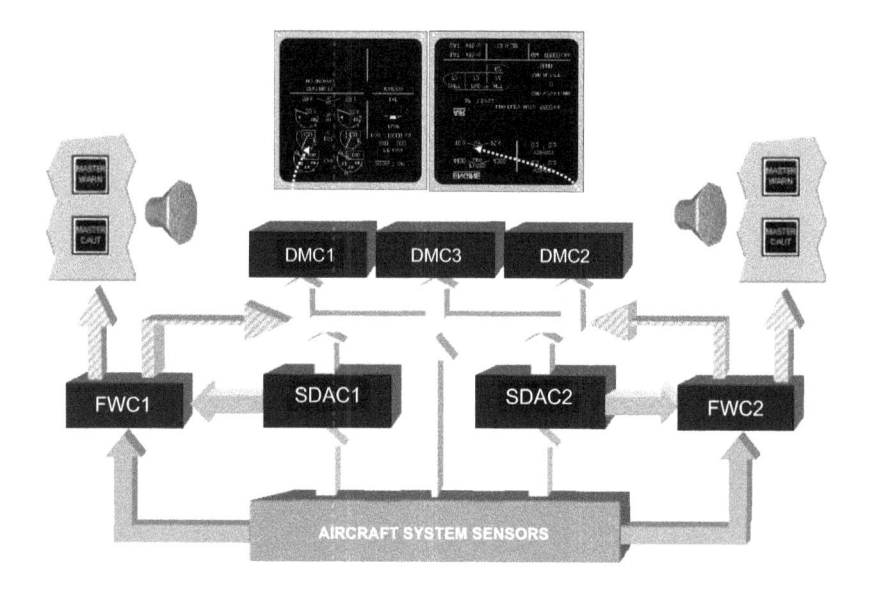

Zunächst werden wir uns ansehen, was passiert, wenn einer oder beide Flight Warning Computers ausfallen. Bei einem Fehler eines einzelnen FWC wird eine Vorsichtsmeldung auf dem E/WD angezeigt. Beachte, dass es keine blauen Aktionlinien gibt, sodass keine Maßnahmen durch die Crew erforderlich sind. Es wird keine Systemseite aufgerufen, da es für das EIS keine Systemseite gibt.

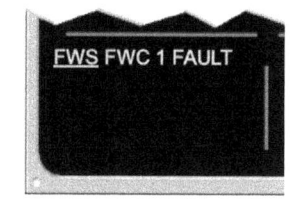

Auf der STATUS-Seite wirst du feststellen, dass die Autoflight-Fähigkeit des Flugzeugs auf CAT 3 SINGLE herabgestuft wurde. Die inoperativen Systeme sind CAT 3 und FWC 1. Nachdem beide Piloten die STATUS-Seite überprüft haben, kann das ECAM-Verfahren abgeschlossen werden.

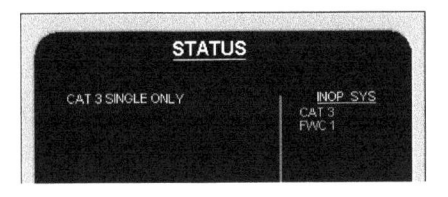

STATUS
CAT 3 SINGLE ONLY   INOP SYS
                         CAT 3
                         FWC 1

Die CRUISE-Seite wird auf dem unteren ECAM-Bildschirm angezeigt, und das ECAM-Kontrollpanel hat keine Beleuchtung. Eine geboxte STS-Erinnerung erscheint auf dem E/WD, um dich daran zu erinnern, dass eine Nachricht auf der STATUS-Seite vorhanden ist. Dies hat das Verfahren für einen FWC 1-Fehler abgeschlossen.

Als Folge des Fehlers, wenn eine weitere WARNUNG oder VORSICHTSMELDUNG generiert wird, die eine Anzeigeleuchte aktivieren würde, wirst du feststellen, dass nur die untere Hälfte der Kapitänsanzeigen und die obere Hälfte der Ersten Offiziersanzeigen beleuchtet sind. Hinweis: Wenn FWC 2 ausgefallen wäre, wären die Leuchten umgekehrt.

Captain		First Officer
MASTER WARN	AUTO FLT AP OFF ANTI ICE CAPT AOA	MASTER WARN
MASTER CAUT		MASTER CAUT

Der Ausfall beider FWC entfernt die automatische Überwachung der Flugzeugsysteme. Eine Nachricht und Informationen, die vom DMC generiert werden, werden unten auf dem E/WD angezeigt. Es werden keine weiteren

ECAM-Vorsichtsmaßnahmen oder Warnungen, akustische Warnungen, MASTER CAUTION oder MASTER WARNING-Leuchten erscheinen.

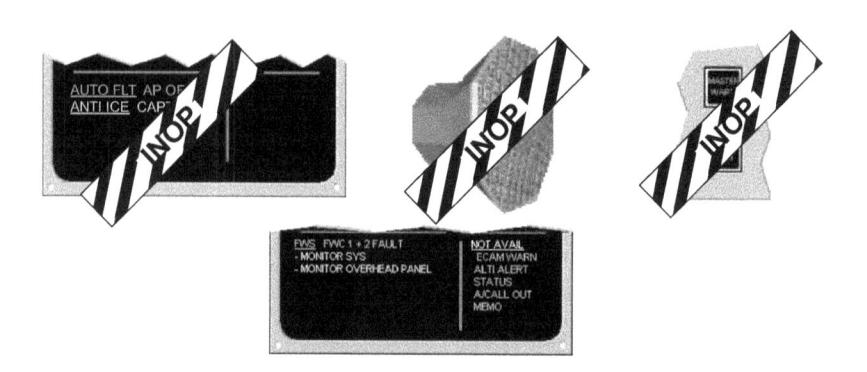

Die Aktionlinien raten den Piloten, die ECAM-Systemseiten und das Overhead-Panel auf lokale Warnungen zu überwachen. Beachte, dass auf der rechten Seite eine NOT AVAIL-Liste angezeigt wird. Die NOT AVAIL-Elemente sind: ECAM-Warnungen, Altitude Alerts, die STATUS-Seite, automatische Durchsagen und Memos.

Das Overhead-Panel sollte auf lokale Warnungen überprüft werden. Die Systemseiten können auf abnormale Indikationen überprüft werden, entweder durch individuelle Auswahl der Seiten oder durch Verwendung des ALL pb, um durch die Seiten zu blättern. Wir halten jetzt das ALL pb für dich gedrückt, um zu zeigen, was passiert. Hinweis: Wenn der ALL pb während der Sequenz losgelassen wird, wird die CRUISE-Seite angezeigt.

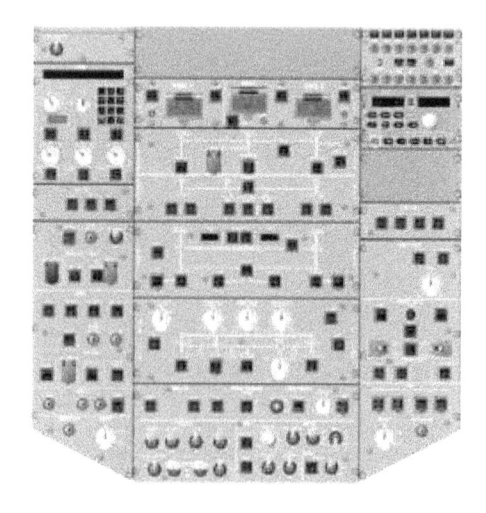

Um dieses Modul zu beenden, werden wir kurz die Verwendung des Emergency Cancel pb betrachten. Es wird normalerweise verwendet, um eine intermittierende Fehlermeldung zu löschen. Es kann, wenn notwendig, verwendet werden, um die meisten akustischen Warnungen abzubrechen.
Schauen wir uns ein Beispiel für eine intermittierende Fehlermeldung an.

Wenn eine intermittierende Vorsichtsmeldung auftritt, werden die normalen akustischen und visuellen Warnungen ausgelöst. Der EMER CANC pb kann verwendet werden, um dem ECAM zu sagen, dass die Vorsichtsmeldung unterdrückt werden soll. Als Folge des Drückens des EMER CANC pb erscheint eine weiße Nachricht auf dem E/WD, die dir mitteilt, dass die Vorsichtsmeldung abgebrochen wurde.

Belüftungs abnormalitäten im Betrieb

Dies ist eine Demonstration eines EXTRACT-Ventilfehlers. Du bist im Flug, alles ist normal, plötzlich wird die MW ENG 1 FIRE ausgelöst! Schauen wir uns die Fehlermeldungen an:

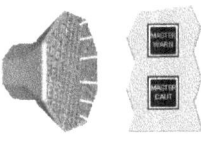

- Eine Fehlermeldung und die zugehörige Checkliste auf dem E/WD.

- Die ECAM CAB PRESS-Seite wird automatisch aufgerufen, um amberfarbene Anzeigen zu zeigen.

- Ein FAULT-Licht auf dem VENTILATION-Panel leuchtet auf.

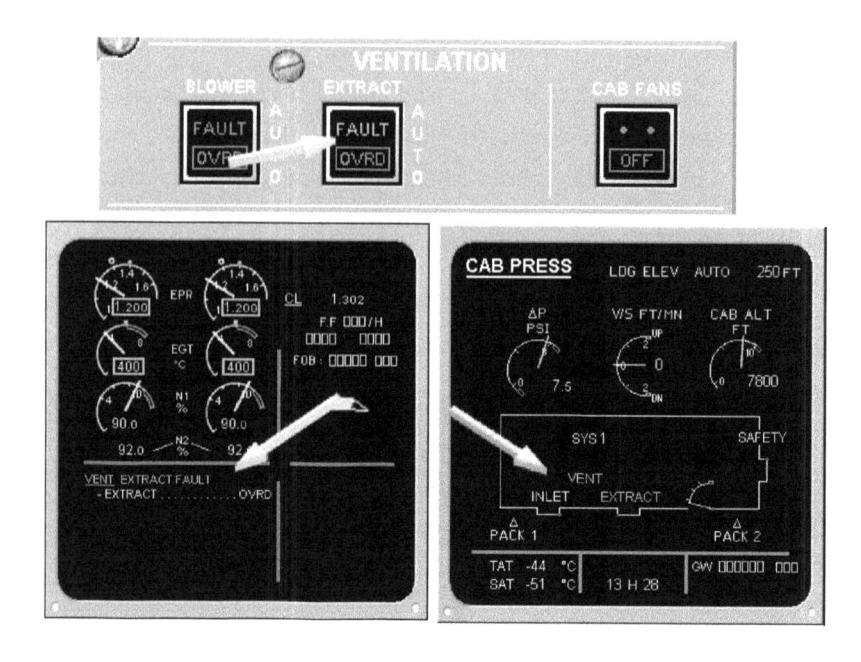

Auf dem E/WD lies die Titel der Fehlermeldung. Bevor du mit den ECAM-Maßnahmen beginnst, schau dir zuerst die Anzeigen auf der CAB PRESS-Seite an. In diesem Beispiel werden VENT- und EXTRACT-Meldungen in amber angezeigt, was darauf hinweist, dass ein Problem mit dem Extract-System vorliegt. Du, als PNF, liest und führst die ECAM-Maßnahmen aus. Wenn du auf OVERRIDE umschaltest:

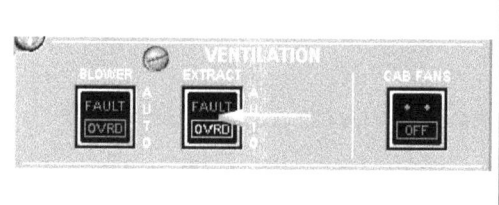

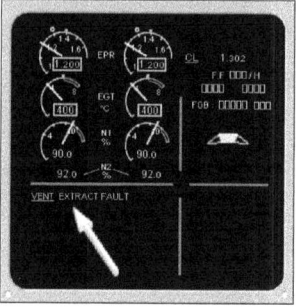

- Ein OVRD-Licht leuchtet im Schalter auf.
- Das FAULT-Licht erlischt.
- Die blaue Aktionlinie im ECAM verschwindet.

Es gibt keine Änderungen an den Anzeigen auf dem Systemdisplay, aber durch das Umstellen des EXTRACT-Schalters auf OVERRIDE wird das Belüftungssystem neu konfiguriert, um eine ausreichende Belüftung des Avioniksystems sicherzustellen.

Der nächste Schritt in diesem Beispiel, nach Rücksprache mit dem anderen Piloten, ist das Löschen der ECAM-Anzeige. Die Status-Seite wird jetzt angezeigt und das E/WD kehrt zur normalen Anzeige zurück.

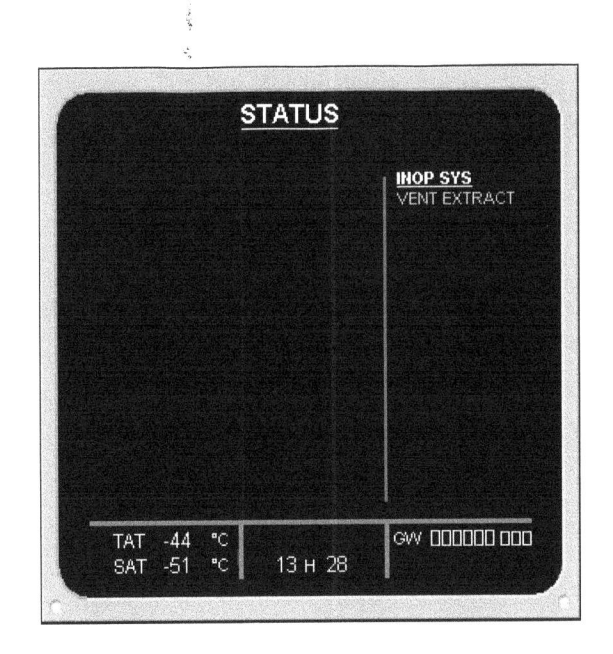

Das inoperative System ist die Ventilation Extract. Die STATUS-Seite wird durch die CRUISE-Seite ersetzt. Beachte, dass am unteren Rand des E/WD eine STS-Erinnerung erscheint, um dich daran zu erinnern, dass auf der STATUS-Seite etwas vorhanden ist. Dies beendet das ECAM-Verfahren für einen VENT EXTRACT FAULT.

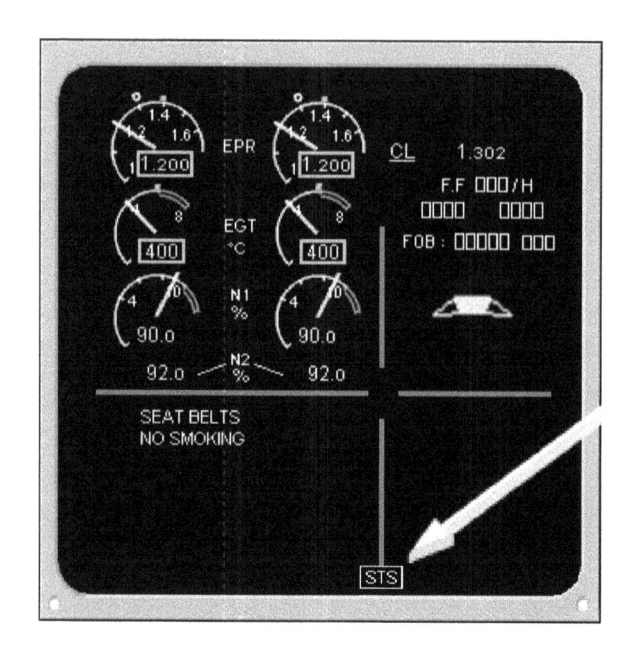

Lassen Sie uns nun mit weiteren abnormalen Anzeigen im Zusammenhang mit dem Ventilationssystem fortfahren. Die FAULT-Lichter an den Schaltern BLOWER oder EXTRACT leuchten auf bei: niedrigem Druck, Computerproblemen oder als Rauchwarnung.

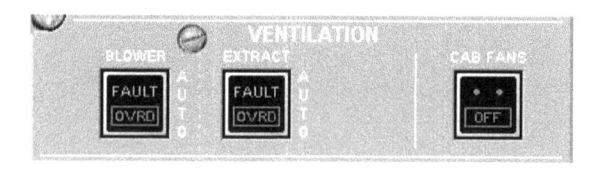

Außerdem leuchtet das BLOWER FAULT-Licht als Warnung bei einer Duct Überhitzung.

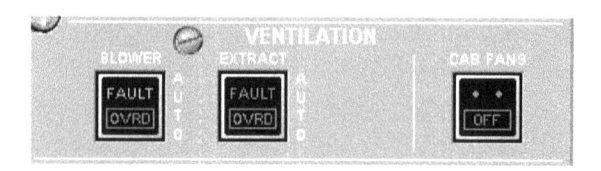

Diese abnormen Fälle werden auch auf der ECAM CAB PRESS-Seite je nach den Umständen angezeigt. In dem gezeigten Beispiel haben sowohl die INLET- als auch die EXTRACT-Indikationen auf amber gewechselt. Da es sich um einen Fehler im Ventilationssystem handelt, ändert sich auch die VENT-Anzeige auf amber.

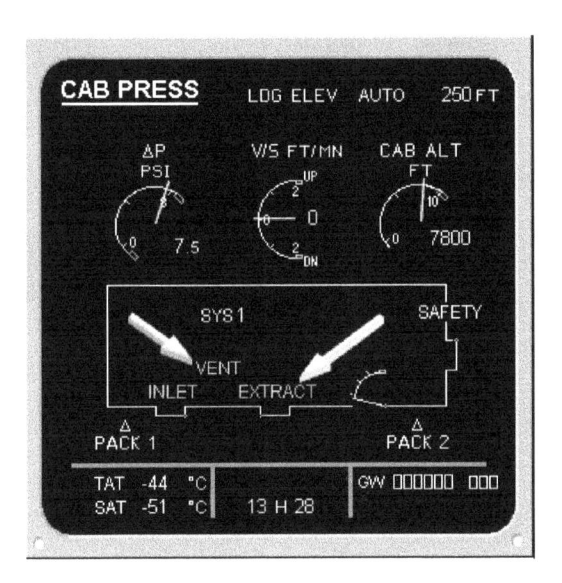

Der OVERRIDE-Modus wird während ECAM-Abnormalverfahren verwendet. Wenn der BLOWER-Schalter im OVERRIDE-Modus ist, wird der BLOWER-Ventilator abgeschaltet. Das System geht in eine geschlossene Konfiguration über, bei der Luft aus dem Air Conditioning-System zur Belüftungsluft hinzugefügt wird.

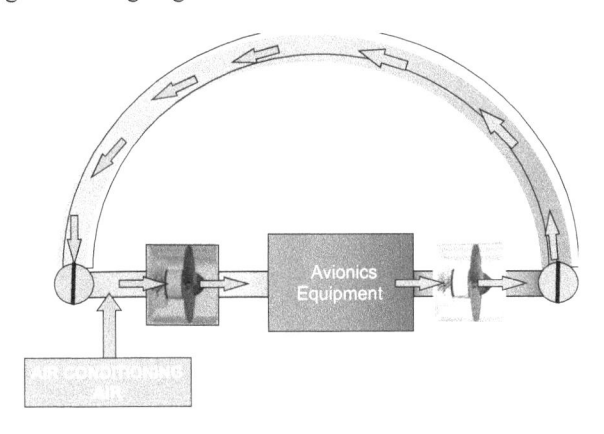

Wenn der EXTRACT-Schalter im OVERRIDE-Modus ist, erfolgt eine Neukonfiguration des Belüftungssystems, um eine ausreichende Kühlung der Avionikgeräte sicherzustellen.

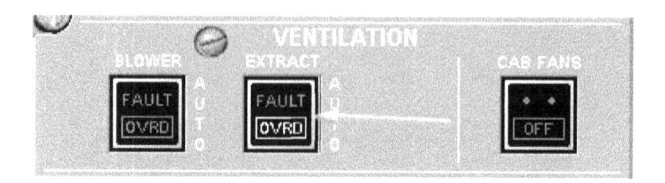

Es gibt ein ECAM-Verfahren, das erfordert, dass beide Schalter auf OVRD eingestellt werden. Dies konfiguriert das System weiter um, aber in diesem Fall gibt es eine Änderung in der CAB PRESS-Systemanzeige.

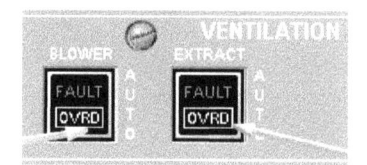

Die EXTRACT-Ventilanzeige zeigt teilweise offen. Dies bedeutet, dass eine kleine interne Klappe geöffnet wurde, die es der Luft aus dem Belüftungssystem ermöglicht, über Bord abgeleitet zu werden. Diese Konfiguration wird im AVIONICS SMOKE-Verfahren verwendet.

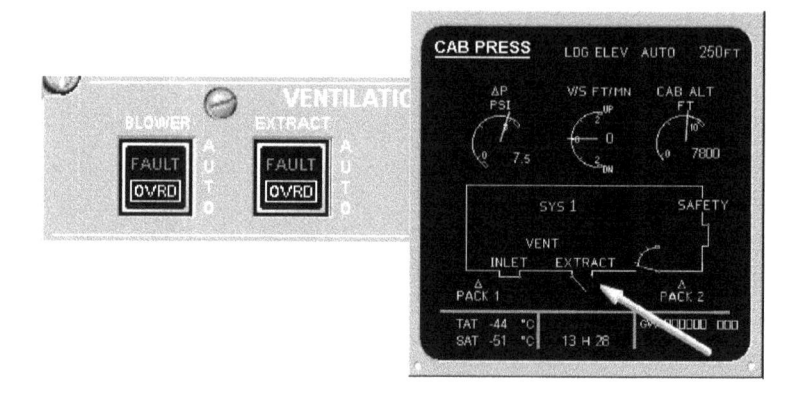

118

Belüftungsdruck Abnormale Operation

Dies ist ein Beispiel für ein abnormaler Betrieb. Wir verwenden einen CABIN PRESSURE FAULT, bei dem eines der beiden automatischen Systeme ausfällt. Zu diesem Zeitpunkt befindet sich das Flugzeug im Cruise-Flug und alle Systeme funktionieren normal. Wenn das ECAM-System einen Fehler erkennt, wird die entsprechende Warnung generiert, und die ECAM CAB PRESS-Systemseite wird automatisch aufgerufen. Da dies nur eine Crew-Wahrnehmung ist, gibt es keine Master Caution.

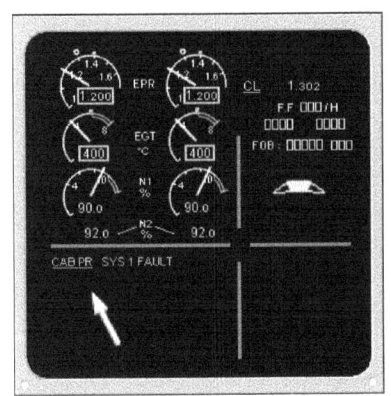

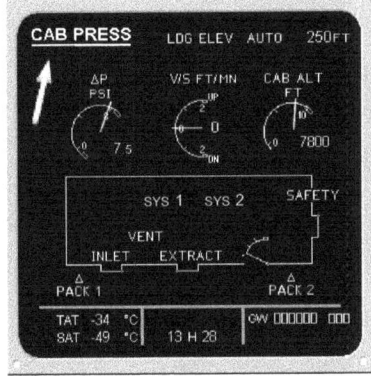

Die Fehlermeldung wird gelesen. Im Falle eines CABIN PRESSURE SYSTEM 1 FAULT sind keine Maßnahmen seitens der Crew erforderlich. System 2 wird automatisch aktiviert und steuert das Ablassventil. Nachdem beide Piloten die Status-Seite überprüft haben, wird diese gelöscht.

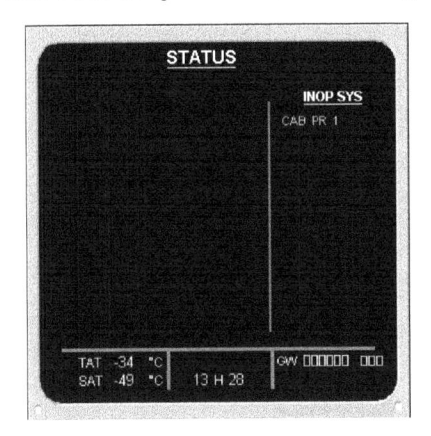

Lassen Sie uns nun einen zweiten Fehler betrachten, um die Funktionsweise des Systems, die zugehörige Anzeige und das ECAM-Verfahren zu veranschaulichen. Wir verwenden einen Dual System Fault, um diese Verfahren zu erläutern. Das Flugzeug befindet sich im Cruise bei FL350. Plötzlich wird der MC-Alarm ausgelöst!

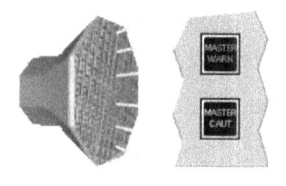

Das ECAM-System hat eine Fehlermeldung mit Aktionslinien generiert und die ECAM CAB PRESS-Seite aufgerufen. Lese die Fehlertitel im ECAM und beachte die auf der CAB PRESS-Seite in amber angezeigten Indikationen.

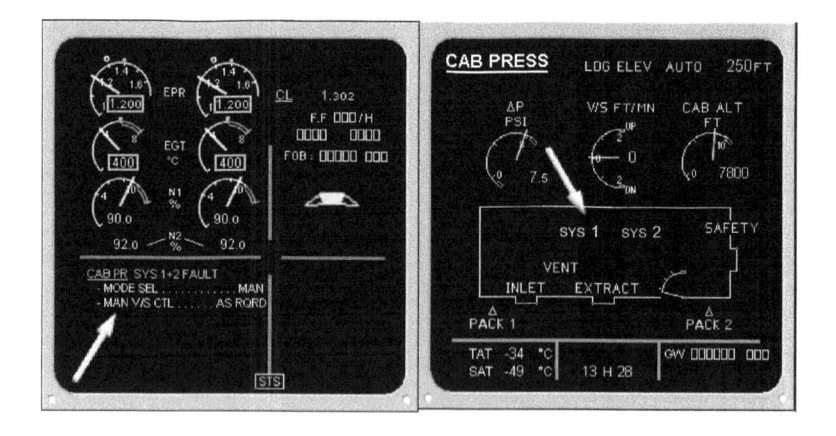

Lies und vervollständige die Handlungspunkte auf dem E/WD. In diesem Fall sind beide automatischen Systeme ausgefallen, und wir müssen in den Manuellen Modus wechseln. Beachte, dass der MODE SEL-Schalter eine amberfarbene FAULT-Anzeige hat, die dir hilft, ihn zu lokalisieren. Die Anzeige auf dem Schalter wechselt und zeigt MAN in weiß an, während eine grüne MAN-Nachricht auf der Systemseite erscheint, um anzuzeigen, dass das Drucksystem nun im manuellen Modus arbeitet.

120

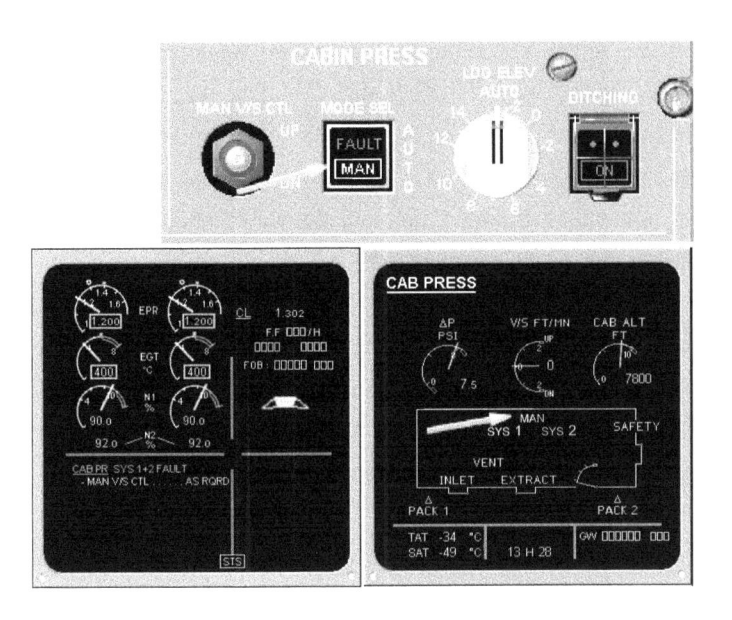

Nun musst du den Druck des Flugzeugs steuern, indem du den MAN V/S CTL-Schalter verwendest, um das Ablassventil zu bewegen. Beachte auch, dass die Landhoehenanzeige nicht mehr angezeigt wird, da du nun die Kontrolle über das Ablassventil übernommen hast. Lass uns die ECAM-Verfahren kurz anhalten und den Einsatz des MAN V/S CTL-Schalters betrachten. Der MAN Vertical Speed-Schalter ist federbelastet und geht in die Neutralstellung zurück. Wenn du den Schalter in die obere Position hältst, öffnet sich das Ablassventil langsam, die Vertikalgeschwindigkeit ändert sich und die Kabinenhöhe steigt.

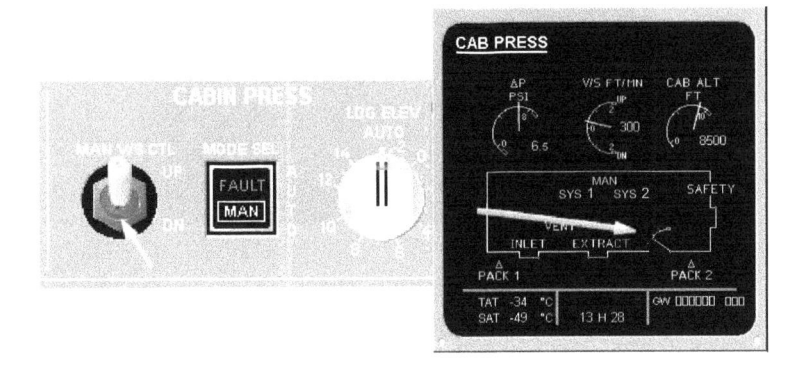

Wenn der MAN V/S CTL-Schalter in die Neutralstellung zurückkehrt, stoppt die Bewegung des Ablassventils. Die Vertikalgeschwindigkeit stabilisiert sich, und die Kabinenhöhe ändert sich. Umgekehrt, wenn du den Schalter nach unten hältst, schließt sich das Ablassventil, die Vertikalgeschwindigkeit ändert sich und die Kabinenhöhe sinkt. Nun kehren wir zu den ECAM-Maßnahmen zurück.

Beachte, dass die Vertikalgeschwindigkeitsanzeige auf null steht. Das bedeutet, dass keine Anpassung der Position des Ablassventils mit dem MAN V/S CTL erforderlich ist. Da du den MAN V/S CTL-Schalter kontinuierlich verwenden musst, wird die Aktionslinie nicht entfernt.

Die Status-Seite liefert den Piloten Informationen zu den Ziel-Vertikalgeschwindigkeiten, den Ziel-Kabinenhöhen, die vom Flughöhen abhängen, sowie zu einem Verfahren für die Endanflugphase, bei dem der V/S CTL vollständig nach oben gestellt werden muss. Dies stellt sicher, dass das Ablassventil vollständig öffnet und das Flugzeug sich entdruckt. Für unser Beispiel befinden wir uns auf FL350, sodass die Zielkabinenhöhe bei 6500 Fuß liegt. Überprüfe die in der rechten Spalte angezeigten inaktiven Systeme.

```
                    STATUS

        MAN CAB PR CTL              INOP SYS
        TGT V/S : CLIMB 500FT/MN    CAB PR 1 + 2
                : DESC 300FT/MN
        A/C FL              CAB ATL TGT
         390                   8000
         350                   6500
         300                   5000
         250                   2500
         <200                   0
         . DURING FINAL APPR :
         -V/S CTL................FULL UP
```

Denke daran, dass die Informationen auf der Status-Seite während des gesamten Fluges angezeigt bleiben und jederzeit überprüft werden können. Beachte, dass auf der CRUISE-Seite die Anzeige der Kabinen vertikalgeschwindigkeit auf das Gauge-Format geändert wurde. Dies zusammen mit der Anzeige der Kabinenhöhe kann verwendet werden, um die korrekte Position des Ablassventils einzustellen. Das ECAM-Verfahren für einen Cabin Pressure System 1+2 Fault ist abgeschlossen.

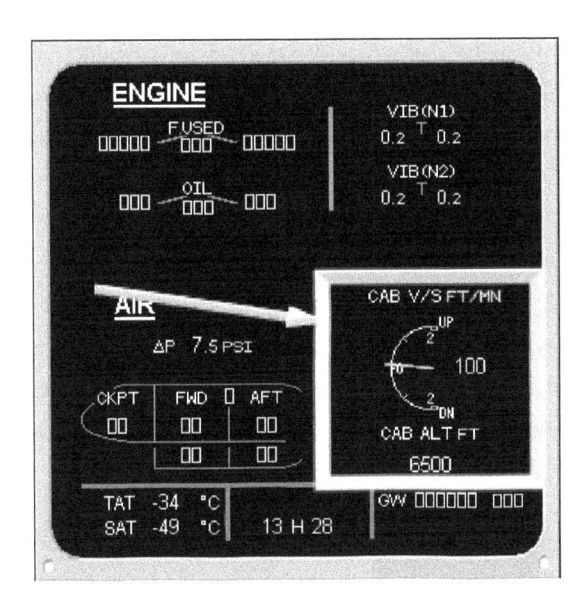

Flugsteuerung Abnormale Operation

Lassen Sie uns zunächst die Redundanzaspekte der Flugsteuerungen betrachten. Im Falle eines Computerfehlers übernimmt der zweite Computer desselben Typs (ELAC, SEC und FAC-Fälle).

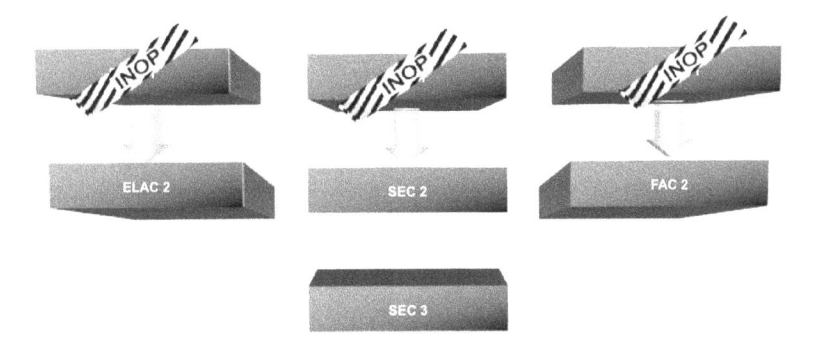

Beachten Sie, dass SEC 3 nur für die Steuerung der Spoiler verwendet wird und nicht (wie SEC 1 und 2) an der Re-Konfiguration des Flugsteuerungssystems beteiligt ist. Jede primäre Flugsteuerfläche wird von 2 (Querruder, Höhenruder und Stabilisator) oder 3 (Seitenruder) verschiedenen Hydraulikquellen versorgt. Jede Steuerfläche hat einen unabhängigen Aktuator für jede Hydraulikquelle. Jeder Aktuator wird von einem anderen Computer gesteuert.

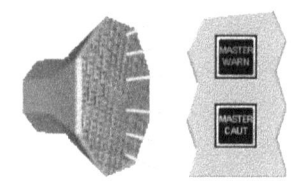

Ein Aktuator für jede Fläche ist immer im aktiven Modus, während der andere im Dämpfungsmodus bleibt und von seinem zugehörigen Computer überwacht wird. Diese Punkte werden wir im folgenden Beispiel eines ELAC 1-Fehlers demonstrieren. Angenommen, Sie sind der PNF. Sie sind im Flug und alles funktioniert normal. Plötzlich wird der MC-Alarm ausgelöst.

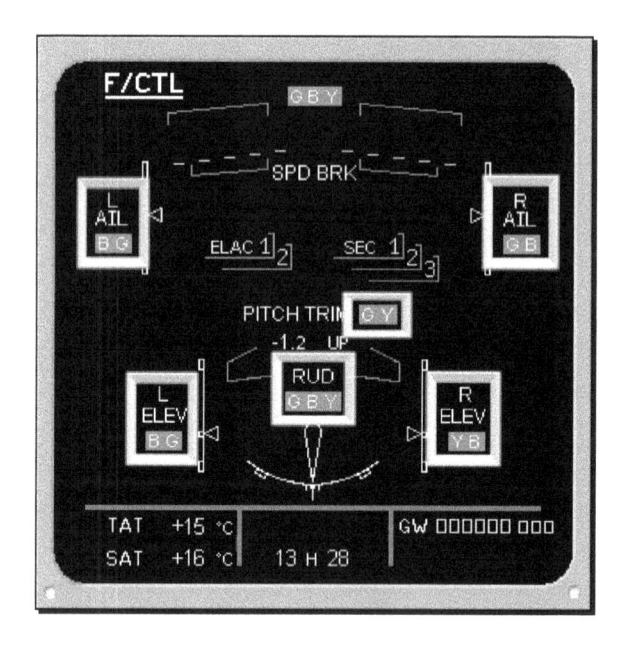

Lesen Sie den Titel des Fehlers auf der E/WD.

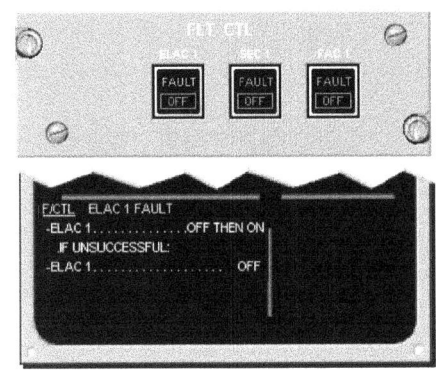

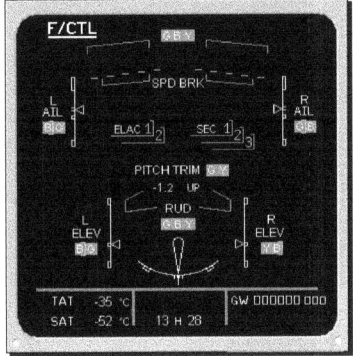

Beobachten Sie die ELAC-Anzeigen auf der ECAM F/CTL-Seite. Die "1" und das Feld von ELAC 1 sind in amber. Die "2" von ELAC 2 bleibt in grün, was anzeigt, dass ELAC 2 automatisch übernommen hat. Die Anzeigen für die Querruder- und Höhenruderaktuatoren, die von ELAC 1 gesteuert werden, sind teilweise in amber umrandet. Das bedeutet, dass diese Aktuatoren automatisch in den Dämpfungsmodus geschaltet wurden.

Die Aktuatoren, die von ELAC 2 gesteuert werden, haben automatisch von Dämpfungs- auf den aktiven Modus umgeschaltet, um die Querruder und Höhenruder zu steuern. Sie sind auf der ECAM F/CTL-Seite nicht umrandet. Die ELAC 1 FAULT-Leuchte ist auf dem FLT CTL-Panel eingeschaltet. Die erste Maßnahme ist, den fehlerhaften Computer zurückzusetzen. Der PF wird Sie auffordern, die ECAM-Aktionen durchzuführen. ELAC 1 konnte nicht erfolgreich zurückgesetzt werden. Das Verfahren erfordert, dass ELAC 1 ausgeschaltet wird.

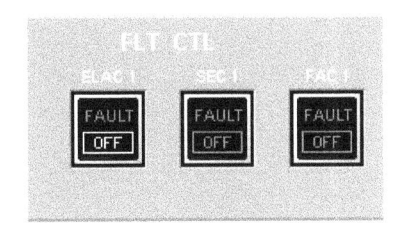

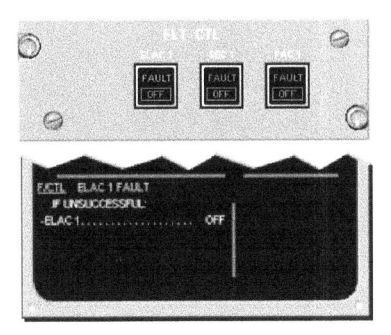

Die STATUS-Seite wird zur Überprüfung angezeigt. Eine grüne Nachricht weist darauf hin, dass eine Verschlechterung der Annäherungsfähigkeit vorliegt. Beachten Sie, dass es keinen Verlust von Steuerflächen oder Manövrierfähigkeit gibt. Sie können in der INOP SYS-Spalte sehen, dass ELAC 1 und CAT 3 DUAL jetzt inaktiv sind.

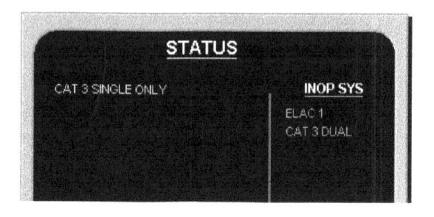

Nun werden wir die anderen Redundanzmerkmale und Schutzvorrichtungen durchsehen, die wir beim vorherigen Verfahren nicht betrachten konnten. Im Falle eines vollständigen Ausfalls der ELAC-Computer übernimmt der SEC 2-Computer die Steuerung des Höhenruders und des THS. Die Rollfunktion ist weiterhin über die Spoiler verfügbar. Die Querruder sind im Dämpfungsmodus.

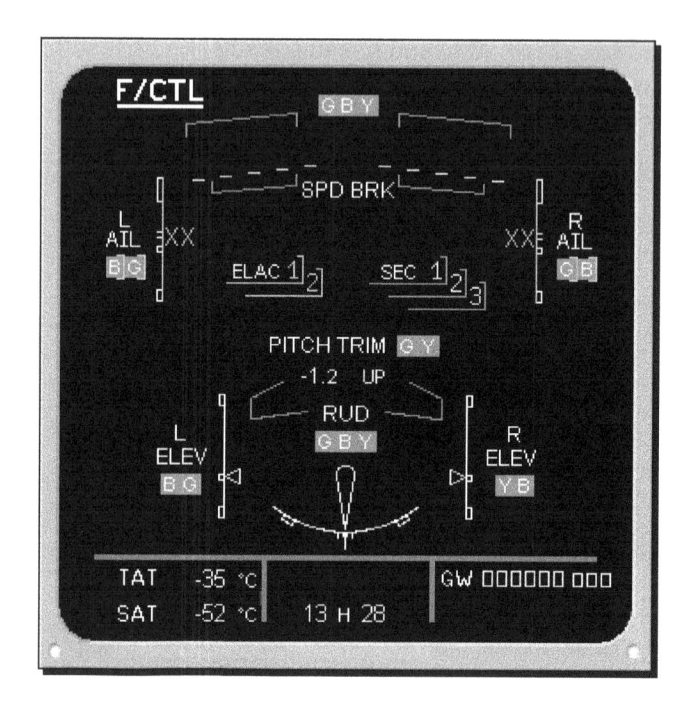

Im äußerst unwahrscheinlichen Fall eines SEC 2-Fehlers wird es durch SEC 1 ersetzt.

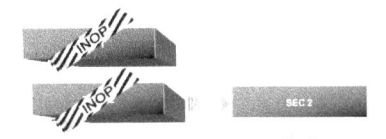

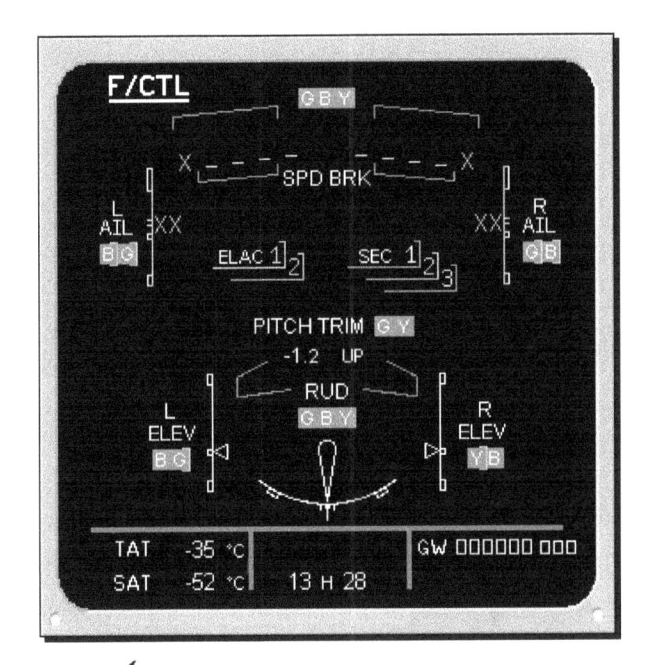

Ein weiterer Fehlerfall ist ein Höhenruderfehler. In diesem Fall wird die Ablenkung des verbleibenden Höhenruders begrenzt, um übermäßige asymmetrische Lasten auf das Heck oder den hinteren Rumpf zu vermeiden und die Auswirkungen der Asymmetrie zu reduzieren. Die verbleibende Fläche reicht aus, um den normalen Flug fortzusetzen. Im Falle eines vollständigen Verlusts der normalen Steuerung oder der Hydraulikversorgung werden die Höhenruder automatisch in die neutrale Position gesetzt.

Vorausgesetzt, die entsprechenden Hydrauliksysteme sind verfügbar:

- Die mechanische Steuerung des THS ist immer über die Pitch Trim Wheels verfügbar.
- Für das Seitenruder ist die mechanische Steuerung über die Ruderpedale immer verfügbar, selbst im Falle eines vollständigen Ausfalls der FAC-Computer.

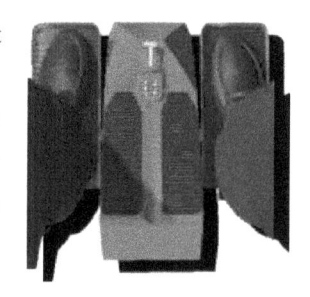

Dies wird als mechanische Backup-Steuerung bezeichnet.

Allgemeine Regeln: Wenn ein Computer ausfällt, übernimmt der zweite Computer desselben Typs. Jede primäre Flugsteuerfläche wird von mindestens 2 verschiedenen Hydraulikquellen versorgt. Ein unabhängiger Aktuator ist für jede Hydraulikquelle jeder Fläche zugeordnet. Jeder Aktuator wird von einem anderen Computer gesteuert. Für eine Fläche ist immer ein Aktuator im aktiven Modus, während der andere(n) im Dämpfungsmodus sind.

Querruder/Höhenruder/THS/Seitenruder: Wenn beide ELAC ausfallen, steuert SEC 2 die Höhenruder und das THS. Die Querruder sind im Dämpfungsmodus. Wenn SEC 2 ausfällt, wird es durch SEC 1 ersetzt. Im Falle eines Ausfalls eines Höhenruders wird die Ablenkung des verbleibenden Höhenruders begrenzt, um übermäßige Lasten auf das Heck und den hinteren Rumpf zu vermeiden. Die mechanische Backup-Steuerung ist immer verfügbar, wenn die entsprechenden Hydrauliksysteme vorhanden sind, indem die Ruderpedale und Pitch Trim Wheels verwendet werden. Lassen Sie uns nun sehen, wie die Spoiler von den SEC gesteuert werden. Die Steuerung der Spoiler wird von den 3 SEC geteilt.

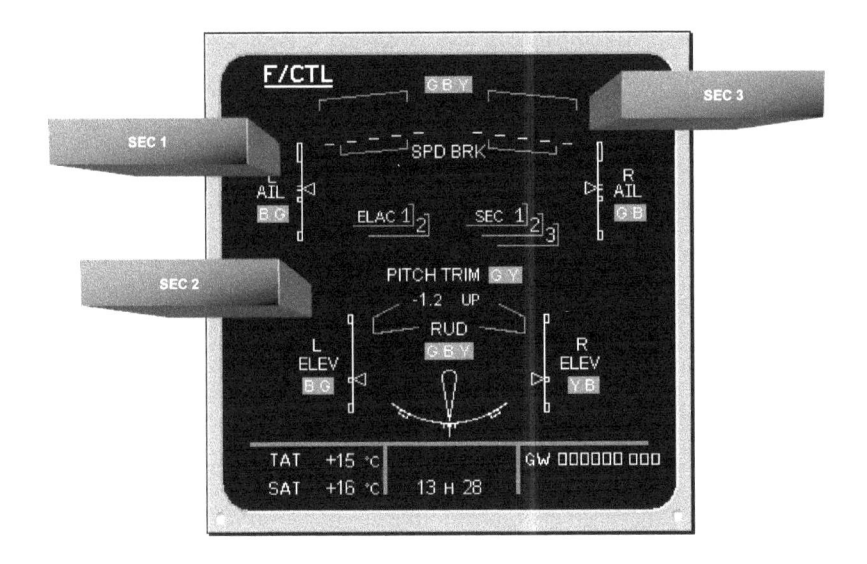

Nun werden wir einen Spoilerfehler betrachten. Angenommen, wir befinden uns im Abstieg, die Speedbrake ist ausgefahren und es ist kein vorheriger Fehler aufgetreten. Plötzlich wird wieder der MC-Alarm ausgelöst!

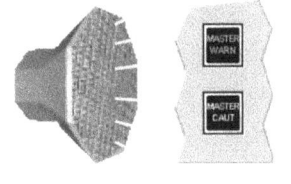

Lesen Sie den Titel des Fehlers auf der E/WD. Beobachten Sie die Anzeige des linken Spoilers 3 in amber auf der ECAM F/CTL-Seite.

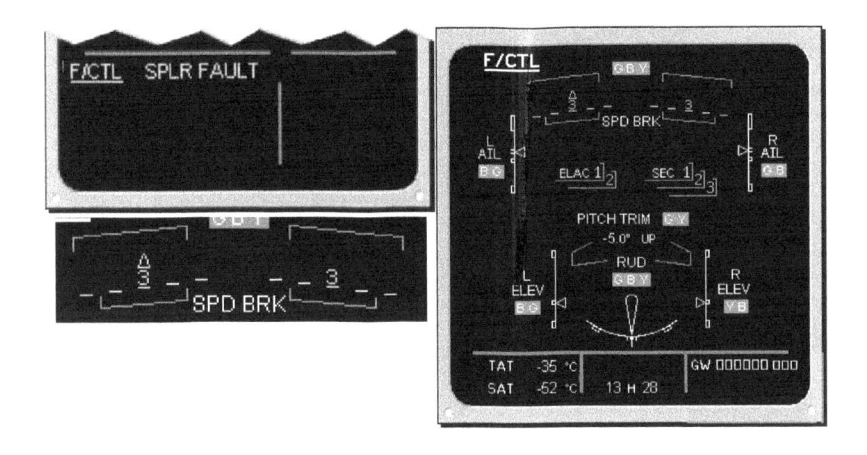

Diese Anzeigen bedeuten, dass linker Spoiler 3 im ausgefahrenen Zustand ausgefallen ist. Der SEC, der diesen Spoiler steuert und den Fehler erkannt hat, wird ihn automatisch einfahren und den symmetrischen Spoiler auf dem anderen Flügel, rechter Spoiler 3, ebenfalls deaktivieren, was ebenfalls in amber angezeigt wird. Sie können jetzt auf der ECAM F/CTL-Seite beobachten, dass beide Spoiler 3 an beiden Flügeln eingefahren sind und in amber angezeigt werden. Beachten Sie, dass, wenn ein Spoiler an einem Flügel ausgefallen ist, der symmetrische Spoiler automatisch deaktiviert wird.

Als allgemeine Regel werden Spoiler automatisch eingefahren, wenn sie fehlerhaft oder nicht elektrisch gesteuert sind. Da im Verfahren keine Maßnahmen erforderlich sind, überprüfen Sie nach der Durchsicht und Bestätigung durch den PF den Status.

Die STATUS-Seite wird zur Überprüfung angezeigt. Eine blaue Nachricht informiert uns, dass wir eine neue Landedistanz berechnen müssen. Dies liegt daran, dass beide Spoiler 3 eingefahren bleiben, während die verbleibenden Bodenspoiler bei der Landung ausgefahren werden.

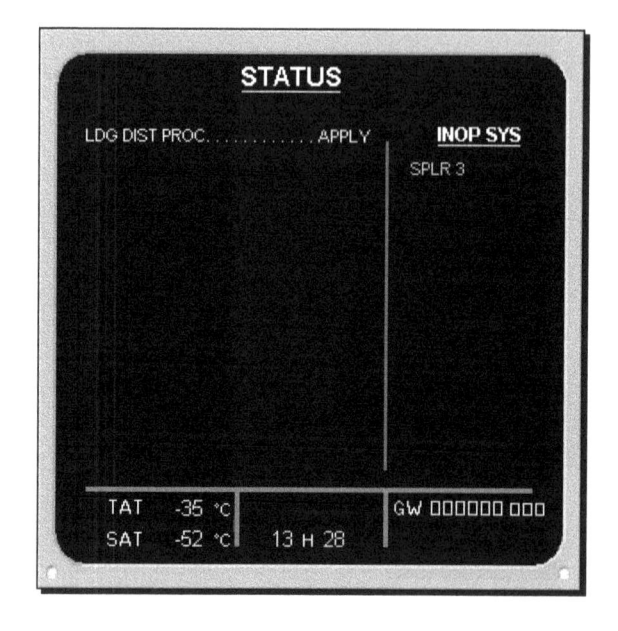

Nun werden wir die anderen Spoiler-Aspekte durchsehen, die wir bei der Durchführung des vorherigen Verfahrens nicht betrachtet haben. Unter bestimmten Umständen kann die Speedbrake-Erweiterung inhibiert werden. In diesen Fällen werden die Spoiler automatisch eingefahren und bleiben in dieser Position, bis die Inhibitionsbedingungen nicht mehr bestehen und der Hebel zurückgesetzt wird. Ein Master Caution und ein ECAM-Verfahren werden ebenfalls ausgelöst.

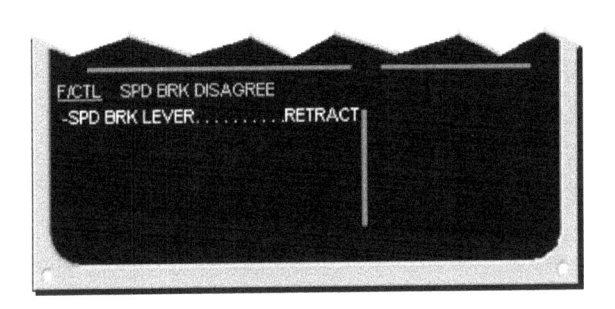

```
F/CTL   SPD BRK DISAGREE
-SPD BRK LEVER.........RETRACT
```

Jeder Spoiler ist mit einem einzelnen Aktuator ausgestattet, der von einer der Hydraulikquellen versorgt wird. Im Falle eines Hydraulikverlusts bleibt der betroffene Spoiler in seiner aktuellen Ablenkung, es sei denn, er wird durch aerodynamische Kräfte nach unten gedrückt. Die Steuerung der Spoiler wird von den 3 SEC-Computern geteilt.

Wenn ein Spoiler an einem Flügel ausgefallen ist, wird der symmetrische Spoiler automatisch deaktiviert. Als allgemeine Regel werden Spoiler automatisch eingefahren, wenn sie fehlerhaft, inhibiert oder nicht elektrisch gesteuert sind. Jeder Spoiler ist mit einem einzelnen Aktuator ausgestattet, der von einer Hydraulikquelle versorgt wird.

Im Falle eines Hydraulikverlusts bleibt der betroffene Spoiler in seiner aktuellen Ablenkung, es sei denn, er wird durch aerodynamische Kräfte nach unten gedrückt.

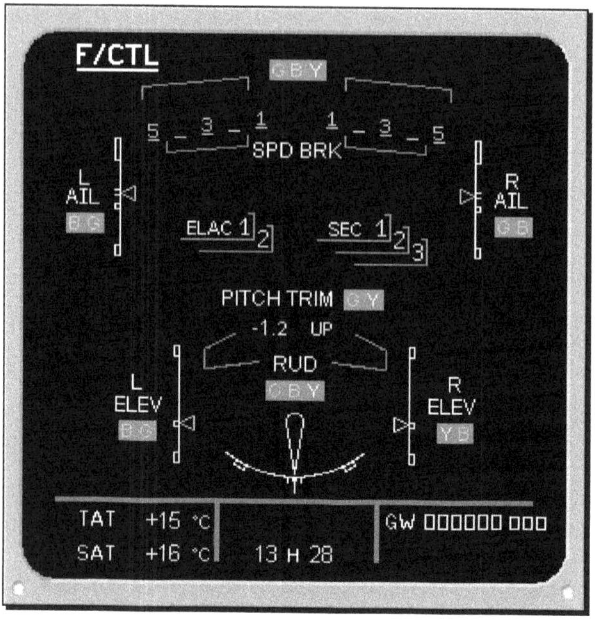
F/CTL
G B Y
5 3 1 1 3 5
SPD BRK
L
AIL
B G
R
AIL
G B
ELAC 1 2
SEC 1 2 3
PITCH TRIM G Y
-1.2 UP
RUD
G B Y
L
ELEV
B G
R
ELEV
Y B
TAT +15 °C
SAT +16 °C
13 H 28
GW

Kapitel 5

Abnormale Betriebsverfahren V

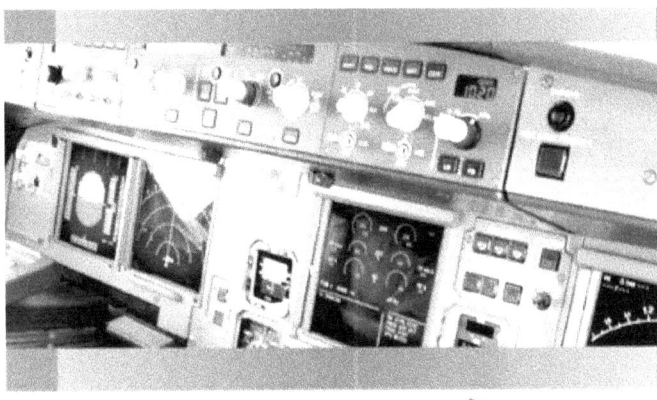

Dies dient ausschließlich zu Trainings- und Unterhaltungszwecken. Für den realen Flugbetrieb konsultieren Sie bitte die Airbus-Handbücher.

FCU (Flight Control Unit) Fehler

Die Flight Control Unit (FCU) ist eines der Hauptkomponenten des Cockpits bei der Bedienung des Flugzeugs, sei es manuell oder vollständig automatisch. Das System ist doppelt vorhanden (FCU 1 und FCU 2). Wenn ein System ausfällt, übernimmt das andere die gesamte Arbeit, ohne dass es zu vielen Einschränkungen im Flug kommt. Wenn jedoch beide FCUs ausfallen, wird die Situation so komplex, dass sie als Notfall betrachtet wird und der Master-Warning-Alarm ausgelöst wird.

FCU 1 oder 2 Fehler

Wenn die Flight Control Unit 1 oder 2 ausfällt, übernimmt die verbleibende Einheit die gesamte Arbeit. Diese Situation erfordert keine Maßnahmen des Piloten, da es sich um ein automatisiertes System handelt, das die Kontrolle über die Situation übernimmt. Weder das FCU-Panel noch das PFD und ND zeigen den Fehler an, da die FCU weiterhin normal arbeitet.

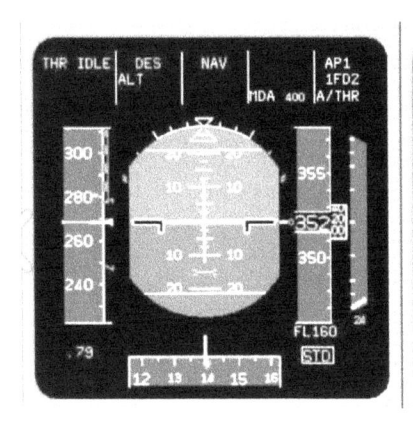

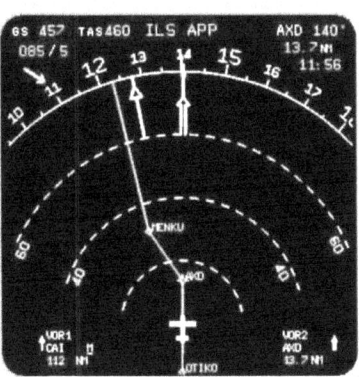

Wenn das System den Ausfall einer FCU-Einheit erkennt, wird der Master-Caution-Alarm ausgelöst und die Information im ECAM angezeigt:

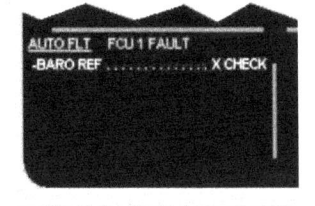

In diesem Fall kündigt das ECAM den Fehler mit dem Titel AUTOFLT und der Beschreibung „FCU 1 FAULT" an. Es ist zu beachten, dass die einzige Maßnahme, die im ECAM angezeigt wird, der Abgleich der barometrischen Referenz zwischen den beiden Piloten ist, um die Möglichkeit einer altimetrischen Differenz auszuschließen. Die nächste Maßnahme des Piloten besteht darin, die ECAM-Informationen zu löschen und die STATUS-Seite aufzurufen, um zu prüfen, ob es irgendwelche betrieblichen Einschränkungen für diese Flugbedingung gibt. In diesem Fall wird nur das System FCU 1 als inoperative Einheit angezeigt, und es gibt keine Einschränkungen für die Fortsetzung des Fluges.

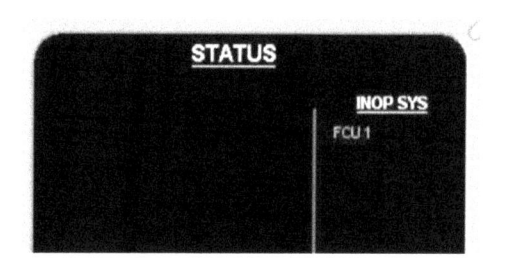

FCU 1+ 2 Fehler

Die Situation wird ernst, wenn ein weiterer FCU-Ausfall auftritt, in diesem Fall im verbleibenden FCU-System, das aufgrund des Ausfalls von FCU 1 die gesamte Flugsteuerung übernommen hatte. Wenn das System erkennt, dass auch das verbleibende FCU ausgefallen ist, wird sofort der Master-Warning-Alarm ausgelöst, beide Autopiloten (AP1+2), beide Flugdirektoren (FD1+2) und das automatische Leistungs- oder Schubsystem (A/THR) werden deaktiviert.

Der Master-Warning-Alarm warnt die Piloten, dass die Situation zu einem Notfall geworden ist. Das ECAM zeigt drei Fehler an, die sich aus dieser Situation ergeben. Es beginnt mit der Warnung über die Trennung des AP, geht weiter mit der Anzeige des mehrfachen Ausfalls von FCU 1+2 und berichtet, dass das PFD nur noch altimetrische Informationen auf Basis des Standarddrucks anzeigt. Schließlich wird die Trennung des A/THR gemeldet, ohne weitere Maßnahmen anzugeben. In dieser Situation müssen die Piloten das Flugzeug vollständig manuell steuern, sowohl die Flugsteuerung als auch den Schub.

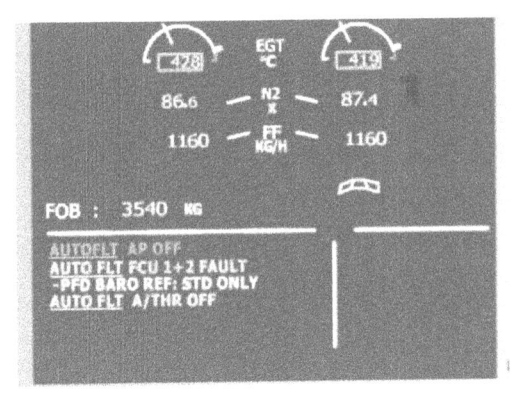

Das FCU-Panel wurde vollständig abgeschaltet, wodurch alle seine Funktionen deaktiviert wurden.

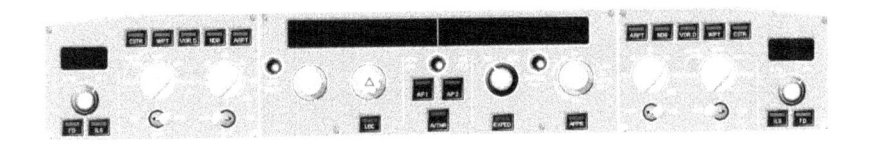

Der Flugplan bleibt mit den im MCDU-System eingegebenen Informationen in Kraft. Das ND passt seine Anzeige auf den ROSE NAV-Modus an. Das PFD verliert verschiedene Informationsquellen wie: alle FMA-Informationen, gewählte Geschwindigkeit und Höheninformationen, barometrische Informationen werden nur als STD oder Standard angezeigt, und der Flugdirektor (FD) wechselt in den Flight Path Vector (FPV)-Modus.

Um die Möglichkeit einer ILS-Anflug durchzuführen, zeigt das System automatisch die ILS-Abweichungspunkte im PFD an, sowohl für die LOC-Abweichung als auch für die GS-Abweichung.

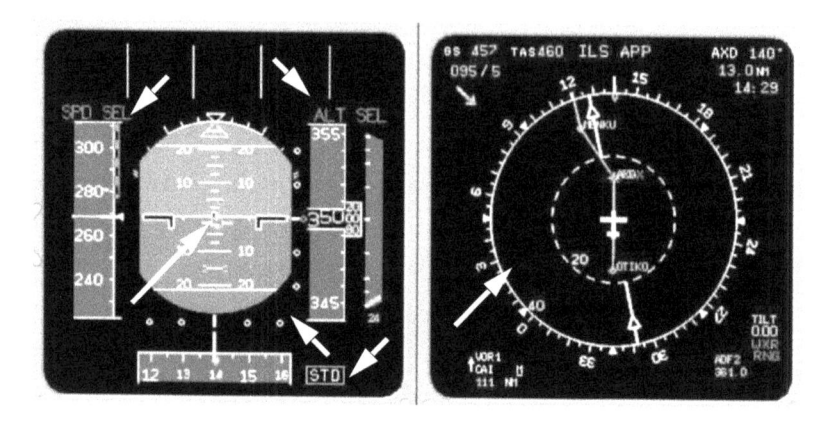

Die operativen Rollen jedes Piloten sind wie folgt verteilt, basierend auf den Figuren des PF und PM (PNF):

PF	"ECAM ACTIONS"	PNF
FLY THE PLANE		READ ECAM TITLES / CANCEL ALARMS
NAVIGATE		ECAM ACTIONS
COMUNICATE		DES. PREP.
BRIEFINGS		

Die erste Maßnahme wird vom PF durchgeführt, der die Kontrolle über das Flugzeug übernimmt und ein sicheres manuelles Flugprofil festlegt, da sowohl der Autopilot als auch der automatische Schub inoperativ sind. Der Flug wird wie erwartet fortgesetzt, und der PF übernimmt die Kommunikation mit jeder Luftverkehrskontrollstation. Sobald der Flug kontrolliert ist, bittet der PF den PM, die ECAM-Maßnahmen durchzuführen. Der PM beginnt dann, jeden ECAM-Titel zu lesen, und falls keine weiteren Maßnahmen erforderlich sind, löscht er einfach den Fehler und liest den nächsten:

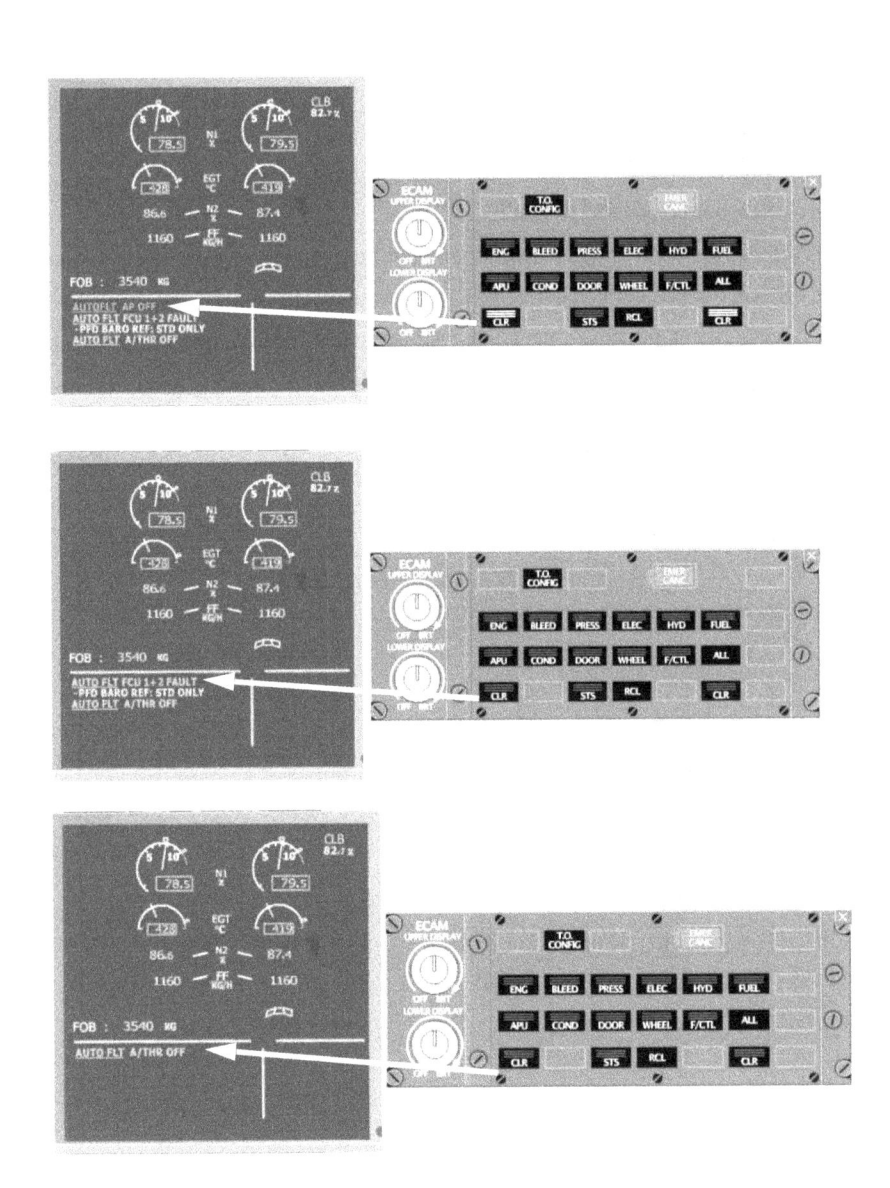

Nachdem der PM alle Fehler, die im ECAM angezeigt wurden, gelesen hat, gelangt er zur STATUS-Seite, wo er nach betrieblichen Einschränkungen für diese Flugbedingung sucht und die Systeme überprüft, die aufgrund des doppelt ausgefallenen FCU inoperativ geworden sind. In diesem Fall gibt es keine betrieblichen Einschränkungen für den Flug, außer der Berücksichtigung, dass mit standardmäßigen barometrischen Referenzen geflogen wird und die

ILS-Kapazität nur auf Kategorie 1 degradiert wurde. In der Spalte „Inoperative Systems" sind die durch den doppelten FCU-Ausfall betroffenen Systeme aufgeführt. Sobald das Lesen des STATUS abgeschlossen ist, ist der Notfall noch nicht beendet. In diesem Fall gibt es eine zusätzliche und exklusive Betrachtung für einige Notfälle. Da das FCU-System auf einem computergestützten Flugprinzip basiert, ist es Teil eines Computer-Reset-Verfahrens, das dieses System steuert. Diese Verfahren sind im QRH (Quick Reference Handbook) enthalten:

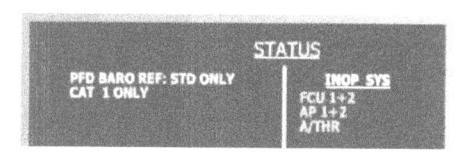

```
                        STATUS
PFD BARO REF: STD ONLY          INOP SYS
CAT 1 ONLY                      FCU 1+2
                                AP 1+2
                                A/THR
```

			ABNORMAL AND EMERGENCY PROCEDURES	80.21
			COMPUTER RESET TABLE	
22	AUTO FLT FCU 1(2) FAULT	FCU	In flight: - Pull the C/B B05 on 49VU for FCU1, or M21 on 121VU for FCU2. - Push it after 5 s. - CHECK the displayed targets and the barometer reference, and correct them if necessary. On ground: - Pull the C/B B05 on 49VU for FCU1, or M21 on 121VU for FCU2. - Push it after 5 s. - If FCU1(2) FAULT disappears, CHECK the displayed targets and barometer reference, and correct them if necessary (RESET successful) - If FCU1(2) FAULT remains, pull both C/B B05 on	
22	AUTO FLT FCU 1+2 FAULT	FCU	In flight: - Pull the C/B B05 on 49VU for FCU1, and then M21 on 121VU for FCU2. - Push them after 5 s. - CHECK the displayed targets and the barometer reference, and correct them if necessary. On ground: - Pull the C/B B05 on 49VU for FCU1, and then M21 on 121VU for FCU2. - Push them after 5 s - If FCU 1+2 FAULT disappears, CHECK the displayed targets and barometer reference, and correct them if necessary (RESET successful) - If FCU 1+2 FAULT remains, pull again both C/B B05 on 49VU and M21 on 121VU - Push them after 7 min, with a delay of less than 5 s between side 1 and 2 - Wait for at least 30 s for FCU1 and FCU2 safety tests completion - CHECK the displayed targets and barometer reference, and correct them if necessary (RESET successful) FCU targets are synchronized on current aircraft values, and displayed as selected targets. - RE-ENTER the barometer altimeter setting value, if necessary.	

Die „Computer-Reset"-Tabelle sieht die Möglichkeit vor, das System im Falle eines Ausfalls von FCU 1 oder 2 oder FCU 1+2 neu zu starten. Beide Fälle beschreiben das Verfahren, wie dies sowohl am Boden als auch im Flug durchgeführt wird.

Unzuverlässige Geschwindigkeit

Wenn das ADR-System des Flugzeugs ausfällt, können die Informationen, die die Piloten ablesen, ungenau sein. In dieser Situation stellt das Fliegen des Flugzeugs ein Risiko dar, da die Piloten möglicherweise unterschiedliche Daten auf ihren jeweiligen Fluganzeigen sehen. Ein Beispiel ist ein Fehler bei der Messung der Geschwindigkeit durch eines oder mehrere ADRs, was zu einer Situation führt, in der das System der Besatzung zwei unterschiedliche Geschwindigkeiten anzeigt – eine vom korrekt funktionierenden ADR und eine andere vom ausgefallenen ADR. Eine der häufigsten Ursachen, die diese Situation hervorrufen können, ist die Verstopfung eines oder mehrerer statischer Ports des Flugzeugs oder die vollständige oder teilweise Verstopfung eines der Pitotrohre, da diese Geräte für die Bereitstellung der Informationen für die ADRs zur Verarbeitung und Anzeige im Cockpit verantwortlich sind. Das Verfahren basiert auf zwei Zielen:

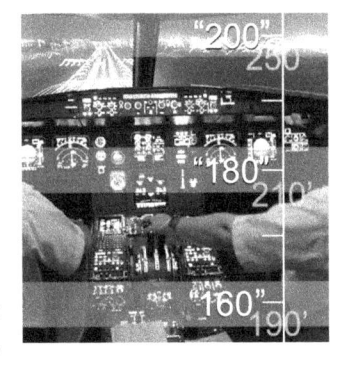

- Identifizieren und Isolieren des ausgefallenen ADR.
- Den Piloten helfen, das Flugzeug bis zur Landung zu steuern.

Dieses Verfahren wird eingeleitet, wenn einer der Piloten einen Fehler bei der Geschwindigkeitsanzeige bemerkt, indem er sie mit der Geschwindigkeitsanzeige auf der anderen Piloten-Seite vergleicht, oder wenn das ECAM-System einen ADR-Ausfall erkennt, was den MASTER CAUTION-Alarm auslöst und die Nachricht NAV ADR DISAGREE erscheint.

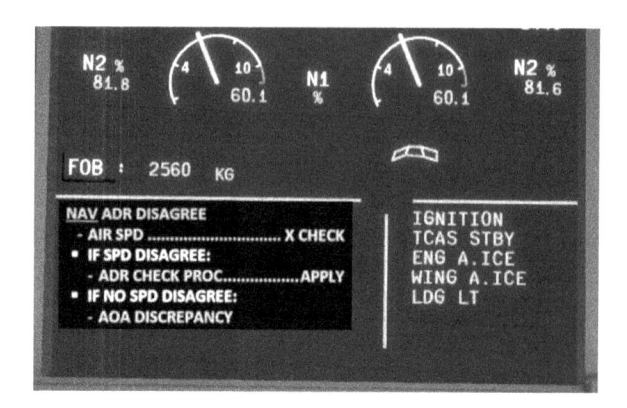

Verfahren wird vom PF eingeleitet, der das Flugzeug zu dem Zeitpunkt fliegt, an dem der Ausfall erkannt wird. In diesem Fall stellt Airbus eine Reihe von Gedächtnis-Punkten zur Verfügung, um eine sofortige Entscheidung in der Situation zu treffen.

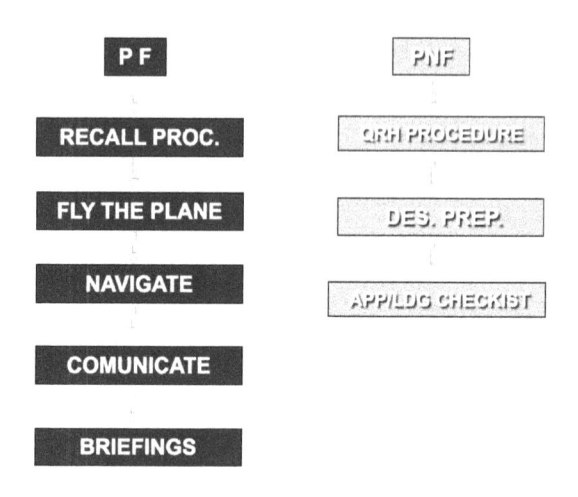

Piloten finden eine spezielle Liste von Punkten, die sie auswendig lernen müssen, innerhalb der Fehlerbeschreibung im QRH. Diese Punkte sind in einem Rechteck hervorgehoben, um sie von den anderen Punkten zu unterscheiden und als Gedächtnis-Punkte oder Recall Items zu kennzeichnen.

A318/A319/A320/A321 QUICK REFERENCE HAND BOOK	ABNORMAL AND EMERGENCY PROCEDURES	34.07

UNRELIABLE SPEED INDICATION/ADR CHECK PROC

• If the safe conduct of the flight is impacted:

MEMORY ITEMS

AP/FD	OFF
A/THR	OFF
PITCH/THRUST:	
Below THRUST RED ALT	15°/TOGA
Above THRUST RED ALT and Below FL 100	10°/CLB
Above THRUST RED ALT and Above FL 100	5°/CLB
FLAPS	Maintain current CONFIG
SPEEDBRAKES	Check retracted
L/G	UP
When at, or above MSA or Circuit Altitude:	
Level off for troubleshooting	

Bevor der PNF die im QRH beschriebenen Verfahren einleitet, beginnt der PF mit den Gedächtnis-Punkten, indem er die Flugzeugautomatisierung vollständig abschaltet, um den PITCH gemäß der aktuellen Flugsituation beizubehalten. Nachdem das neue Flugregime festgelegt wurde, behält der PF die aktuelle Flap-Konfiguration bei, um Änderungen am AOA (Anstellwinkel) zu vermeiden, und überprüft, ob die SPEED BRAKES und das Fahrwerk eingefahren sind. Sobald das Flugzeug die MSA (Minimum Safe Altitude) erreicht oder überschreitet, kann der PF das Flugzeug ausfliegen, um die Situation zu überprüfen und den Partner bitten, die QRH-Punkte weiterzulesen.

Zurück zu den Rollen der Piloten: Der PF wird das Flugzeug basierend auf dem Pitch und Thrust steuern, die für die aktuelle Konfiguration vorgeschlagen werden. Diese Informationen werden vom PNF aus dem QRH entnommen.

A/THR .... OFF

Note: Check the actual slat/flap configuration on ECAM, since flap auto-retraction may occur.

PITCH/THRUST FOR INITIAL LEVEL OFF			
SLATS/FLAPS EXTENDED			
		Above 67 t	67 t-57 t	Below 57 t
CONF	Speed	Pitch (°)/Thrust (% N1)		
3	F	7.5/61.8	7.5/57.5	7.5/53.0
2	F	9.0/61.6	9.0/57.3	9.0/52.8
1 + F	S	4.5/60.2	4.5/56.1	4.5/51.2
1	S	7.5/58.0	7.5/53.9	7.5/48.9
CLEAN			
FL	Speed	Pitch (°)/Thrust (% N1)		
Below FL 200	250 kt	4.0/62.4	3.0/60.1	2.0/58.3
FL 200 -FL 320	275 kt	3.0/73.4	2.0/71.6	1.5/70.2
Above FL 320	M 0.76	2.5/79.2	2.5/78.1	2.0/77.0

Das Beispiel, das in diesem QRH-Auszug markiert ist, zeigt, dass das Flugzeug in der FLAP 1, S-Geschwindigkeit-Konfiguration mit einem Gewicht von 64 Tonnen geflogen wird, was der Spalte zwischen 67 t und 57 t entspricht. Das Ergebnis liefert zwei Werte: Der erste ist der Pitch-Winkel, in diesem Fall 7,5°; der zweite Wert ist N1, um die Geschwindigkeit in der aktuellen Konfiguration aufrechtzuerhalten, in diesem Fall N1 53,9.

Falls möglich, sollte das ausgefallene ADR identifiziert werden, um entsprechende Maßnahmen zu ergreifen und das Problem zu beheben. Nach der Beurteilung der Situation entscheidet der PF, ob er zurückkehrt oder zum Zielort weiterfliegt. Im Falle einer Rückkehr leitet der PNF die Vorbereitung des Cockpits für den Sinkflug ein, einschließlich der Überprüfung des Wetterberichts, der Berechnung der Landedistanz unter Berücksichtigung aller mit diesem Fehler verbundenen Einschränkungen, der kommerziellen und betrieblichen Überlegungen beider Optionen, der Entscheidungsfindung und der Benachrichtigung der Luftverkehrskontrolle.

Sobald die Entscheidung getroffen wurde, wird der PF die Operation briefen, wobei alle Einschränkungen berücksichtigt werden, die sich aus dem Fehler ergeben.

Radioaltimeter 1+2 Fehler

Das Radioaltimetersystem liefert Informationen an die Systeme GPWS, AP, A/THR und FWC für die Aktivierung von Autocallouts. Ein doppelter Ausfall des Radioaltimeters würde diese Systeme außer Kraft setzen. Das ECAM gibt keine Maßnahmen an, die ergriffen werden müssen, der MC-Alarm wird ausgelöst und zeigt den Fehlernamen an:

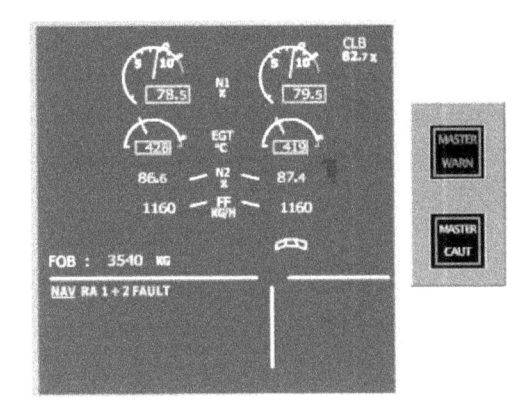

Da das ECAM keine Maßnahmen vorgibt, gehen die Piloten zur STATUS-Seite über und teilen sich die Aufgaben entsprechend auf:

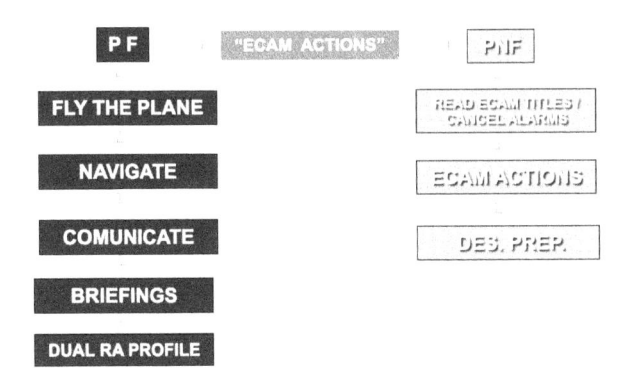

Sobald der MC-Alarm ausgelöst wird, übernimmt der PF die Kontrolle über den Flug, die Navigation und die Kommunikation und bittet den PNF, mit dem Lesen des ECAM zu beginnen. Nachdem der Fehler gelesen wurde und keine vom ECAM empfohlenen Maßnahmen festgestellt wurden, sollte der Pilot nur den Fehlertext löschen und mit dem Lesen der STATUS-Seite fortfahren.

Die erste Erwägung, die in der STATUS-Seite hervorgehoben wird, ist die Warnung, dass das Flugzeug beim Ausfahren des Fahrwerks von der normalen Flugregel auf die Direktregel umschaltet. Dies bedeutet, dass der Pilot manuell fliegen muss, ohne Schutzfunktionen und ohne das automatische Trimmungssystem.

Die Piloten sollten sich bewusst sein, dass, wenn das Autocallout-System betroffen ist, das Flugzeug nicht warnen wird, wenn es bestimmte Höhen überschreitet oder wenn es die DA/MDA erreicht.

Sogar die RETARD-Ankündigung wird nicht ausgegeben, da das System nicht in der Lage ist, die genaue Höhe des Flugzeugs in Bezug auf die Runway-Oberfläche zu ermitteln. In Anbetracht dieses letzten Punktes sollte der Pilot besonders auf die korrekte Durchführung der FLARE-Manöver achten.

Es ist zu beachten, dass der APPR (Approach)-Modus nicht verfügbar sein wird, daher muss das Flugzeug im verfügbaren Flugmodus nähern.

Sobald das Lesen der STATUS-Seite abgeschlossen ist, zusammen mit den entsprechenden Erwägungen, führt der PNF die Vorbereitung des Sinkflugs durch, indem er das Cockpit für den Anflug mit den erwarteten Einschränkungen aufgrund des Fehlers konfiguriert. Im Anschluss briefed der PF die Operation und mögliche Szenarien, die in der letzten Phase auftreten könnten, wie z.B. eine missglückte Landung (missed approach).

In der OEB (Operation Engineering Bulletins)-Sektion erwähnt der QRH eine Reihe von betrieblichen Erwägungen, die Piloten in ungewöhnlichen Situationen, einschließlich einer fehlerhaften Radioaltimeteranzeige, berücksichtigen müssen.

> **ERRONEOUS RADIO ALTIMETER HEIGHT INDICATION**
>
> **ECAM ENTRY**
>
> None
>
> **PROCEDURE**
>
> This bulletin is issued to remind operators of the possible consequences of an erroneous Radio Altimeter (RA) height indication. Erroneous RA height indication may have on aircraft systems, any of the effects listed in the OEB N°38.
> This OEB PROC is issued to provide flight crews with the following recommendations:
> During all phases of flight, flight crew must monitor and crosscheck all primary flight parameters and the FMA.
>
> During ILS (or MLS, GLS) approach with AP engaged, in the event of an unexpected early THR IDLE and FLARE modes engagement, the flight crew must immediately react as follows:
> - **Immediately** perform an automatic Go-Around (Thrust Levers set to TOGA),
>   OR
> - **Immediately** disconnect the AP,
>   - Then continue the landing using raw data or visual references (FDs set to OFF),
>   OR
>   - Perform a manual Go-Around (Thrust Levers set to TOGA). Significant longitudinal sidestick input may be required.

IR 1+2+3 Fehler

Ein Ausfall eines der Inertialreferenzsysteme ist nicht schwerwiegend, da es die Möglichkeit gibt, ein drittes System zur Versorgung des ausgefallenen Systems zu verwenden. In diesem Fall nehmen wir an, dass der Flug in der Reisefase normal fortgesetzt wird und plötzlich der MC-Alarm ausgelöst wird.

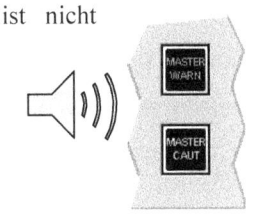

Das ECAM zeigt den Fehler-Titel an und beschreibt die Maßnahmen, die ergriffen werden müssen:

NAV: IR 1 FAULT

Eine der Hauptfolgen eines Ausfalls des Inertialreferenzsystems ist der Verlust von Fluginformationen im EFIS-System, sowohl im PFD als auch im ND. In dieser Situation übernimmt der Pilot, der das verbleibende Flugsystem hat, die Kontrolle, bis der Fehler behoben ist.

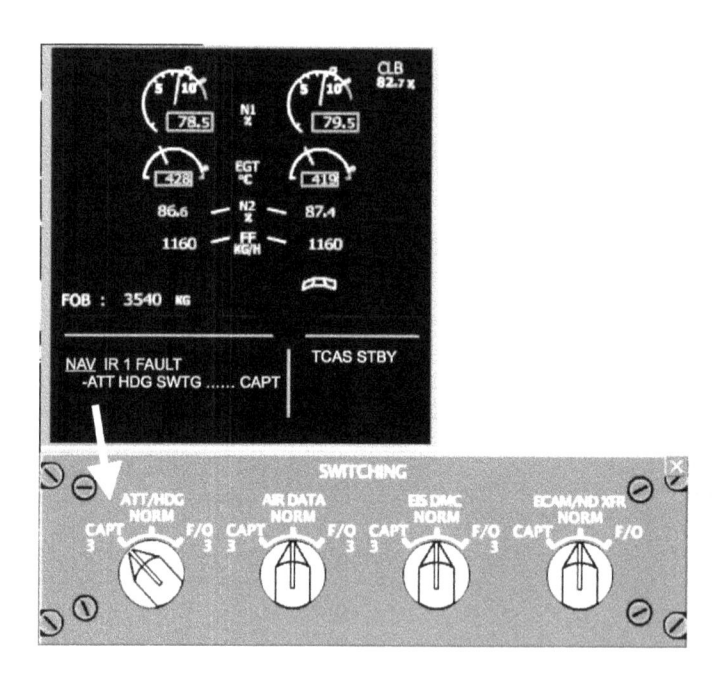

In diesem Fall hat der ausgefallene IR 1 dazu geführt, dass der Kapitän keine Fluginformationen mehr hat. Um den Fehler zu bestätigen, wird im Overhead-Panel, im Bereich ADIRS, festgestellt, dass IR 1 den Status FAULT anzeigt.

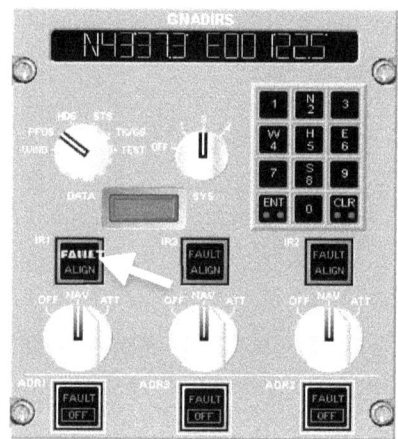

Nachdem die ECAM-Maßnahme durchgeführt wurde, kehrt das EFIS des Kapitäns zum normalen Zustand zurück. Der nächste Schritt ist die Überprüfung des STATUS. Der Hauptbereich zeigt die Möglichkeit, IR im ATT-Modus wiederherzustellen und eine ILS-Degradation auf Kategorie 3 Single an. In der Spalte „Inoperative Systems" werden die durch den Fehler betroffenen Systeme beschrieben.

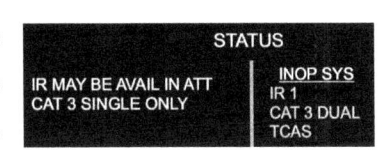

Um die Flugtechnik bei einem IR-Ausfall zu maximieren, beschreibt der QRH das vollständige Verfahren, das zu befolgen ist.

IR ALIGNMENT IN ATT MODE

If IR alignment is lost, the navigation mode is inoperative (red ATT flag on PFD and red HDG flag on ND). Aircraft attitude and heading may be recovered by applying the following procedure.
Aircraft must stay level with constant speed during 30 s.

MODE SELECTOR...ATT
ALIGN light on during 30 s.
ATT MODE displayed on CDU.
LEVEL A/C ATTITUDE...HOLD
CONSTANT A/C SPEED...MAINTAIN
DISPLAY SYS switch...AFFECTED SYS
DISPLAY DATA switch..HDG

- **MCDU INITIALIZATION:**
  DATA (MCDU KEY)...PRESS
  The DATA INDEX page is displayed.
  IRS MONITOR (2L KEY)..PRESS
  The IRS MONITOR page is displayed.
  A/C HEADING...ENTER
  The flight crew must enter the heading in the SET HDG field (5R KEY).

- **CDU INITIALIZATION:**
  Depending on the CDU keyboard installed, an "H" may be written on the "5" key:

  - **If "H" is written on the "5" key:**
    H KEY...PRESS
    Degree marker, 0 decimal point, ENT and CLR lights come on.
    A/C HEADING...ENTER

  - **If "H" is not written on the "5" key:**
    A/C HEADING...ENTER
    Enter aircraft magnetic heading on CDU keyboard. Then press ENT key to enter data.
    Example : to enter heading 320 °, dial 3, 2, 0, 0 then press ENT.
    Heading will be displayed on the associated ND.
    "HDG–ATT MODE" will be displayed on CDU.

Due to IR drift, magnetic heading has to be periodically crosschecked with standby compass and updated if required.

STATUS
IR MAY BE AVAIL IN ATT CAT 3 SINGLE ONLY
INOP SYS
IR 1
CAT 3 DUAL
TCAS

Der Flug setzt sich normal fort, IR 1 ist immer noch ausgefallen, aber der Rest des Systems wird von IR 3 im ATT/HDG-Modus auf der Seite des Kapitäns versorgt. Alles scheint normal, als plötzlich der MW-Alarm ausgelöst wird!

```
MASTER WARN        AUTO FLT AP OFF              TCAS STBY
                   NAV IR 1+2 FAULT             SWITCHG PNL
                   F/CTL ALTN LAW
                      (PROT LOST)
MASTER CAUT        MAX SPEED ......... 320 KT
                   AUTO FLT A/THR OFF
```

Der AP wurde getrennt und das ECAM zeigt die Titel der mehrfach erkannten Fehler an. IR 2 ist ausgefallen und wird zum vorherigen Fehler hinzugefügt, was zu einem doppelten Inertialfehler führt. Die Situation hat ein neues Schweregrad-Niveau erreicht. Der PF übernimmt die Kontrolle über den Flug und jeder Pilot beginnt mit seinem Arbeitsablauf.

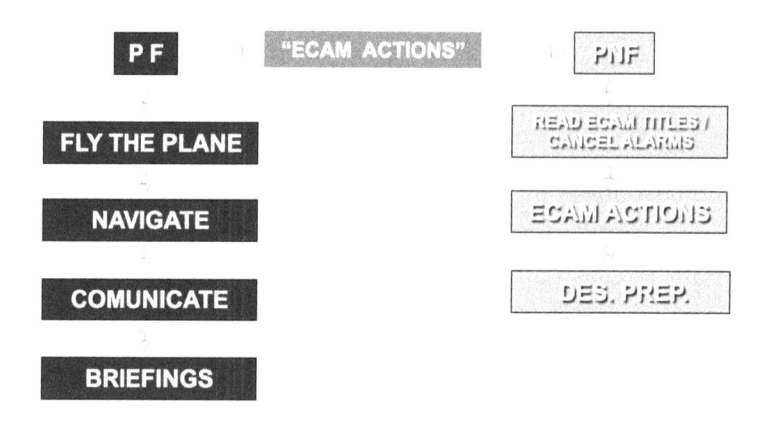

PF	"ECAM ACTIONS"	PNF
FLY THE PLANE		READ ECAM TITLES / CANCEL ALARMS
NAVIGATE		ECAM ACTIONS
COMUNICATE		DES. PREP.
BRIEFINGS		

Während einer der Piloten für das Fliegen des Flugzeugs, die Navigation und die entsprechenden Kommunikationsmaßnahmen verantwortlich ist, liest der andere Pilot das ECAM, löscht die Alarme und beginnt mit den vom System empfohlenen Maßnahmen. Anschließend bereitet der PNF das Cockpit für den Sinkflug vor und der PF führt das Briefing durch, wobei alle ausgefallenen Punkte berücksichtigt werden.

Es ist zu beachten, dass das ECAM keine sofortigen Maßnahmen erfordert, sondern lediglich die Fehler und den Zustand des Flugzeugs auflistet. Es wird darauf hingewiesen, dass das Flugzeug bei der Umstellung auf die Alternate Law-Flugregelung seine Schutzfunktionen verloren hat. Nachdem die ECAM-Punkte gelesen wurden, beschreibt die STATUS-Seite die optimale Konfiguration für den Anflug und listet die inoperativen Systeme in der Spalte INOP SYS auf.

Der Pilot sollte sich bewusst sein, dass das Flugzeug eine zweite Degradation erfahren wird, wenn das Fahrwerk ausgefahren wird und von der Alternate Law zur Direct Law übergeht.

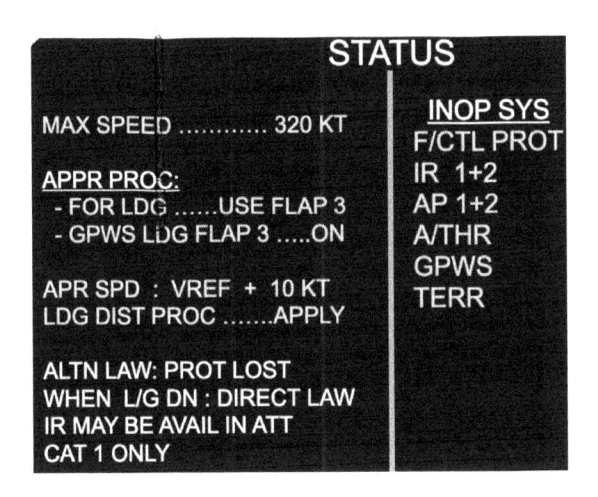

```
STATUS

MAX SPEED ............ 320 KT      INOP SYS
                                   F/CTL PROT
APPR PROC:                         IR 1+2
 - FOR LDG ......USE FLAP 3        AP 1+2
 - GPWS LDG FLAP 3 .....ON         A/THR
                                   GPWS
APR SPD : VREF + 10 KT             TERR
LDG DIST PROC .......APPLY

ALTN LAW: PROT LOST
WHEN L/G DN : DIRECT LAW
IR MAY BE AVAIL IN ATT
CAT 1 ONLY
```

Bis zu diesem Punkt hat das Flugzeug den Ausfall von zwei Inertial-Systemen erlitten, konnte jedoch durch das verbleibende dritte System die grundlegenden Flugfunktionen aufrechterhalten. Die Situation erreicht ein höheres Schweregrad-Niveau, wenn das letzte verfügbare IR-System ausfällt.

In diesem speziellen Fall gibt es kein weiteres Verfahren, das zu befolgen wäre. Zusätzlich zu den zuvor inoperativen Systemen kommt der Ausfall des automatischen Bremssystems hinzu und die Möglichkeit, ein IR im

ATT-Modus wiederherzustellen, geht verloren. Das Flugzeug ist nun in der Direct Law-Flugregelung und die Piloten müssen das manuelle TRIM-System verwenden, um das Flugzeug mit den Instrumenten im Standby-Modus bis zur Landung zu fliegen, wobei sie jedoch das in der STATUS beschriebenen Anflugverfahren berücksichtigen müssen.

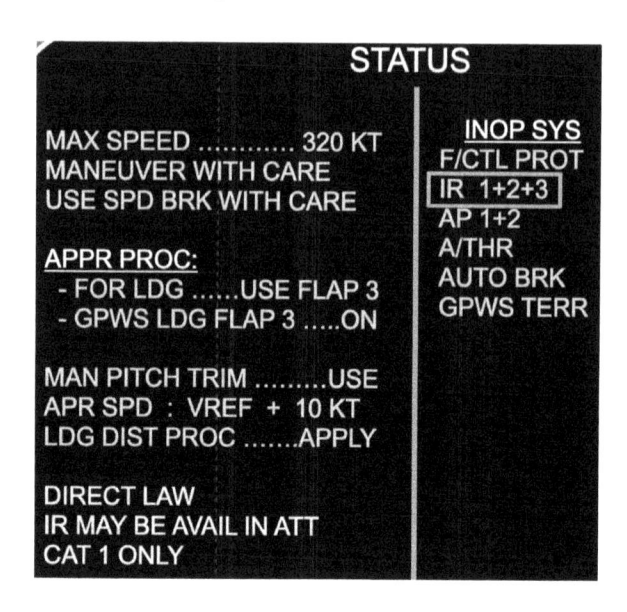

```
                        STATUS

MAX SPEED .......... 320 KT      INOP SYS
MANEUVER WITH CARE               F/CTL PROT
USE SPD BRK WITH CARE            IR  1+2+3
                                 AP 1+2
APPR PROC:                       A/THR
 - FOR LDG ......USE FLAP 3      AUTO BRK
 - GPWS LDG FLAP 3 .....ON       GPWS TERR

MAN PITCH TRIM .........USE
APR SPD : VREF + 10 KT
LDG DIST PROC .......APPLY

DIRECT LAW
IR MAY BE AVAIL IN ATT
CAT 1 ONLY
```

Slats / Flaps Fehler oder Blockierung

Eine geringfügige Notfallsituation, die kein großes Risiko für den Betrieb darstellt, ist der Ausfall des Systems für Slats und Flaps, Geräte, die sich während der Ausfahr- oder Einfahrbewegung in einer bestimmten Position festsetzen können. Diese Geräte werden von zwei Computern betrieben, die als SFCC (Slats Flaps Computer) bekannt sind. Jeder Computer enthält einen unabhängigen Kanal für die Slats und Flaps. Falls eines der SFCC-Systeme ausfällt, übernimmt das verbleibende SFCC beide Kanäle, arbeitet jedoch mit halber normaler Geschwindigkeit. Bis zu diesem Punkt werden die Piloten lediglich gewarnt, ohne dass ein akustischer Alarm ausgelöst wird und ohne dass Maßnahmen im ECAM angezeigt werden.

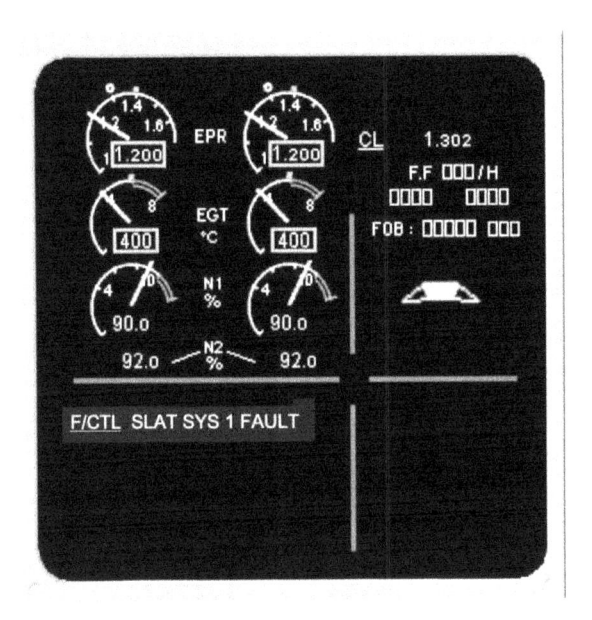

Im Falle dieser Warnung werden die Aufgaben wie folgt zwischen den Piloten aufgeteilt:

PF

FLY THE PLANE

NAVIGATE

"ECAM ACTIONS"

Der PF (Pilot Flying) fliegt weiterhin das Flugzeug, während der PNF oder PM (Pilot Not Flying) den ECAM-Titel liest, die Seite für die Flugsteuerung überprüft, den ECAM-Titel löscht und die STATUS-Seite aufruft.

Die STATUS-Seite zeigt nur die Warnung SLATS SLOW, die den Piloten darüber informiert, dass diese Geräte weiterhin arbeiten, jedoch mit reduzierter

Geschwindigkeit. Es ist zu beachten, dass das SFCC-System nicht in der Spalte „Inoperative Systems" erscheint, da das gesamte System vom anderen SFCC-Computer versorgt wird.

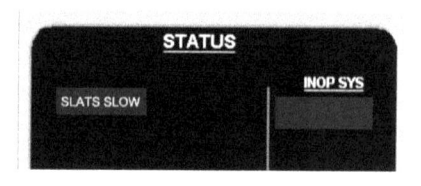

Die Situation nimmt eine andere Schwere an, wenn das Slat-System vollständig ausfällt. Sollte dies während des Starts auftreten, kann der Flug nicht fortgesetzt werden und muss zum Ausgangsflughafen zurückkehren. Wenn das Fehlererkennungssystem die Anomalie feststellt, wird der Master Caution-Alarm ausgelöst und das ECAM zeigt die Fehlerbeschreibung sowie die folgenden Maßnahmen an.

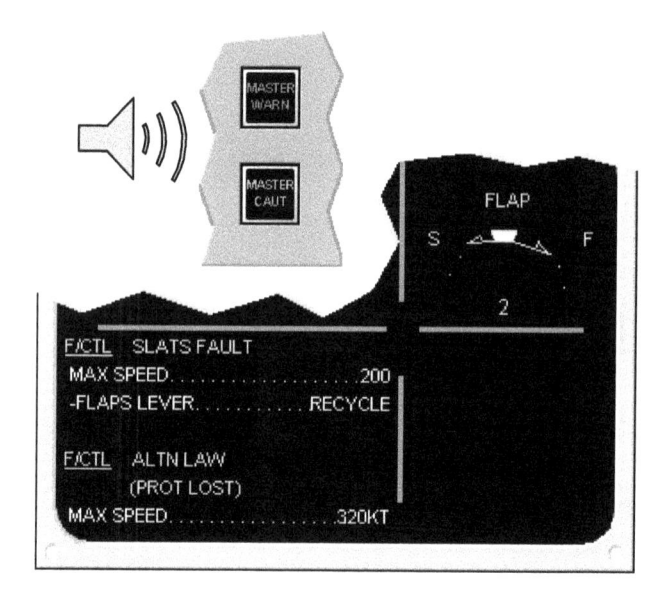

Das ECAM warnt, dass das Slat-System ausgefallen ist. Es gibt eine maximale Geschwindigkeit von 200 Knoten an und erfordert eine Maßnahme, bei der der Flap-Hebel auf Null und dann wieder in die gewünschte Position gebracht werden muss, falls diese Aktion den Fehler behebt. Das ECAM warnt dann, dass das Flugzeug auf Alternate Flight Law degradiert wurde und die Schutzfunktionen des normalen Flugrechts verloren gegangen sind.

In Reaktion auf diese Warnung werden die Aufgaben wie folgt zwischen den Piloten aufgeteilt:

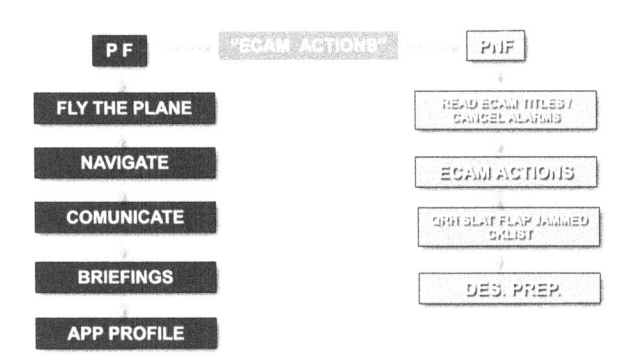

Die Aufgabenverteilung ist wie in der vorherigen Situation zwischen PF und PNF oder PM: Der PF fliegt das Flugzeug manuell, da das Autopilot-System von der Fehlfunktion betroffen ist, navigiert wie geplant und führt die relevanten Kommunikationen durch, während der PNF oder PM die ECAM-Informationen liest, die erforderlichen Maßnahmen ausführt und den QRH (Quick Reference Handbook) zu den nächsten Schritten hinzuzieht. Die erste Maßnahme des ECAM erfordert das Re-Training des Flap-Hebels, eine Aufgabe, die der PM ausführt, jedoch ohne Erfolg.

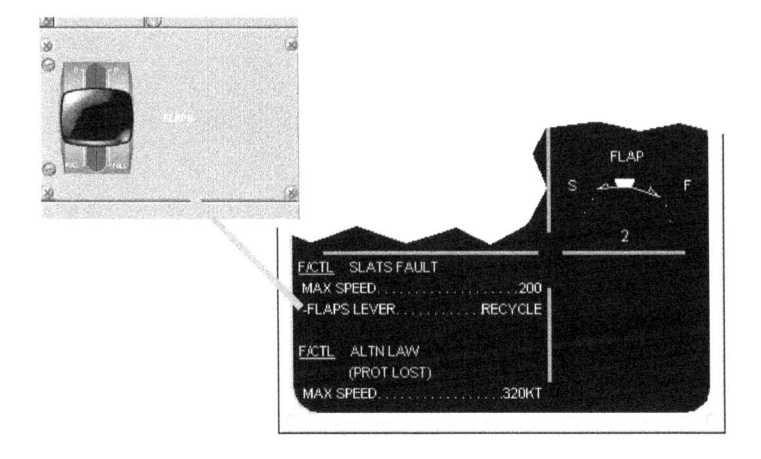

Nachdem die Maßnahme erfolglos war, fährt das ECAM mit den folgenden Punkten fort und das Flugzeug degradiert auf Alternate Flight Law. Der PM warnt vor dieser Situation, indem er die ECAM-Informationen liest und auf dem PFD (Primary Flight Display) die Markierungen beobachtet, die den Verlust der für das Normal Law charakteristischen Schutzfunktionen anzeigen.

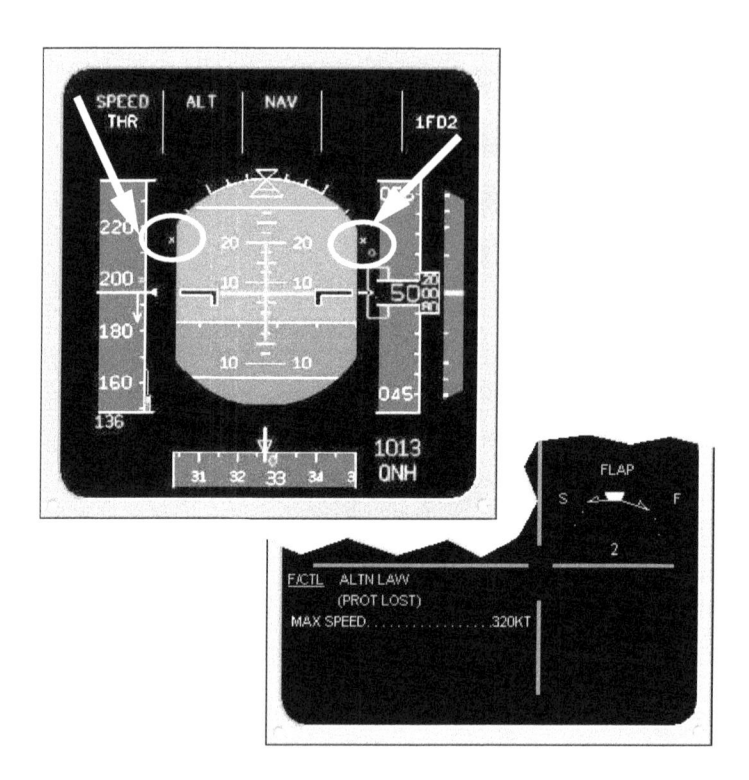

Am Ende der ECAM-Lesung und nach dem Löschen der Informationen erscheint die STATUS-Seite, die den aktuellen Status des Flugzeugs anzeigt. Die Inoperative Systems-Spalte beschreibt alle Systeme, die durch den Fehler betroffen sind. Im linken Abschnitt wird auf die Einschränkungen und Anforderungen für den Anflug und die Landung hingewiesen, wobei darauf gewarnt wird, dass das Flugzeug beim Ausfahren des Fahrwerks in Direct Law fliegen wird.

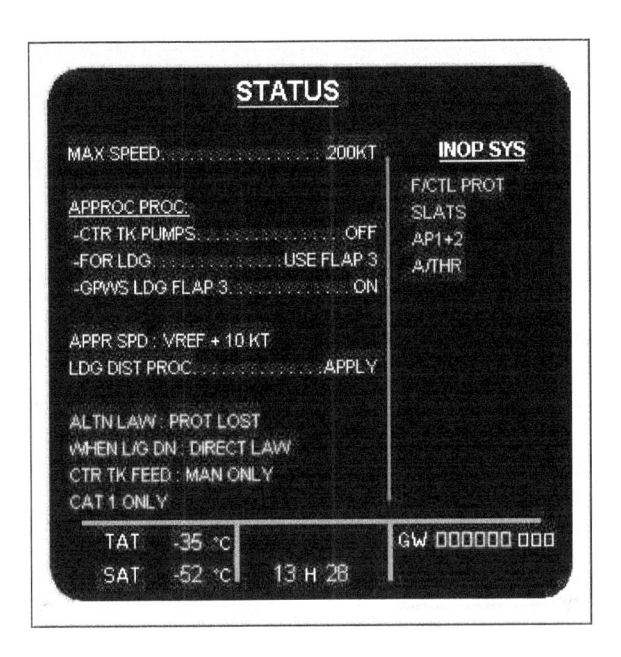

```
STATUS

MAX SPEED: ................ 200KT        INOP SYS
                                         F/CTL PROT
APPROC PROC:                             SLATS
 -CTR TK PUMPS: ............. OFF        AP1+2
 -FOR LDG ............ USE FLAP 3        A/THR
 -GPWS LDG FLAP 3 ............ ON

APPR SPD : VREF + 10 KT
LDG DIST PROC ............. APPLY

ALTN LAW : PROT LOST
WHEN L/G DN : DIRECT LAW
CTR TK FEED : MAN ONLY
CAT 1 ONLY

TAT  -35 °C                              GW 000000 000
SAT  -52 °C    13 H 28
```

Nach Abschluss der Status-Lesung nimmt der PM den QRH und analysiert die entsprechende Abschnitt zu diesem Fehler.

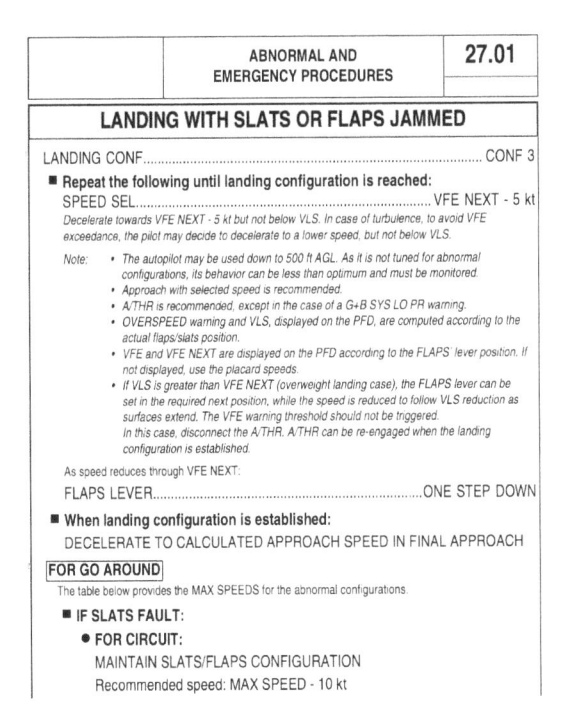

| | ABNORMAL AND EMERGENCY PROCEDURES | **27.01** |

LANDING WITH SLATS OR FLAPS JAMMED

LANDING CONF.. CONF 3
- Repeat the following until landing configuration is reached:
  SPEED SEL.. VFE NEXT - 5 kt
  Decelerate towards VFE NEXT - 5 kt but not below VLS. In case of turbulence, to avoid VFE exceedance, the pilot may decide to decelerate to a lower speed, but not below VLS.

  Note:
  - The autopilot may be used down to 500 ft AGL. As it is not tuned for abnormal configurations, its behavior can be less than optimum and must be monitored.
  - Approach with selected speed is recommended.
  - A/THR is recommended, except in the case of a G+B SYS LO PR warning.
  - OVERSPEED warning and VLS, displayed on the PFD, are computed according to the actual flaps/slats position.
  - VFE and VFE NEXT are displayed on the PFD according to the FLAPS lever position. If not displayed, use the placard speeds.
  - If VLS is greater than VFE NEXT (overweight landing case), the FLAPS lever can be set in the required next position, while the speed is reduced to follow VLS reduction as surfaces extend. The VFE warning threshold should not be triggered.
    In this case, disconnect the A/THR. A/THR can be re-engaged when the landing configuration is established.

As speed reduces through VFE NEXT:
FLAPS LEVER... ONE STEP DOWN

- When landing configuration is established:
  DECELERATE TO CALCULATED APPROACH SPEED IN FINAL APPROACH

FOR GO AROUND
The table below provides the MAX SPEEDS for the abnormal configurations.

- IF SLATS FAULT:
  - FOR CIRCUIT:
    MAINTAIN SLATS/FLAPS CONFIGURATION
    Recommended speed: MAX SPEED - 10 kt

Am Ende der Beschreibung aller Verfahren liefert der QRH eine Tabelle der maximalen Geschwindigkeiten für den Betrieb, abhängig von der Slats/Flaps-Position, an der der Fehler aufgetreten ist. Hier sind Slats 1 und Flaps 2 angegeben, was einer maximalen Geschwindigkeit von 200 Knoten entspricht, was mit der im ECAM zu Beginn des Fehlers angegebenen Information übereinstimmt.

Slats \ Flaps	F = 0	0 < F ≤ 1	1 < F ≤ 2	2 < F ≤ 3	F > 3
S = 0	NO LIMITATION	215 kt	200 kt	185 kt	177 kt
0 < S < 1	230 kt				(Not allowed)
S = 1					177 kt
1 < S ≤ 3	200 kt		200 kt	185 kt	
S > 3	177 kt		177 kt	177 kt	177 kt

MAX SPEED

Abschließend führt der PM die Vorbereitung des Sinkflugs unter Berücksichtigung der gewonnenen Daten und der in der STATUS beschriebenen Einschränkungen durch. Nachdem die Aufgabe abgeschlossen ist, führt der PF das Briefing für den Anflug mit allen relevanten Überlegungen zum Fall durch und initiiert den Sinkflug und den Anflug zur Landung.

Ein weiteres Beispiel für einen Slat-Systemfehler ist die Aktivierung des WTB Systems (Wing Tip Brake), das als Sicherheitsmechanismus wirkt, indem es die Reisegeschwindigkeit der Slats bei Geschwindigkeitsbedingungen, asymmetrischen Slat-Bewegungen oder Fehlern in der Funktion dieser Geräte verringert. Wenn das Slat WTB aktiviert wird, kann der Pilot das Flapsystem weiterhin nutzen, ohne von der Fehlfunktion betroffen zu sein.

Das Flugzeug befindet sich im Endanflug, wobei die Slats und Flaps vollständig eingefahren sind und der Hebel in der Null-Position steht.

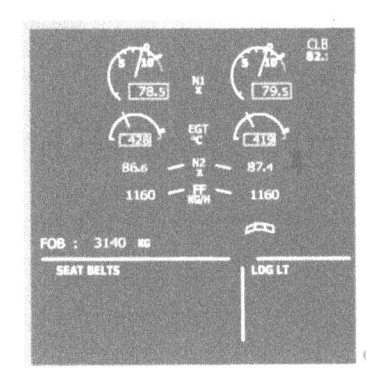

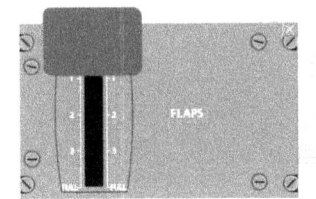

Der PF fordert FLAP 1, wobei er versteht, dass beim Einstellen des Flap-Hebels in Position 1 nur die Slats ausgefahren werden. Auf dem ECAM-Display ist zu erkennen, dass das System bereits den Weg der Slats und Flaps anzeigt, während der Hebel nun in Position 1 steht.

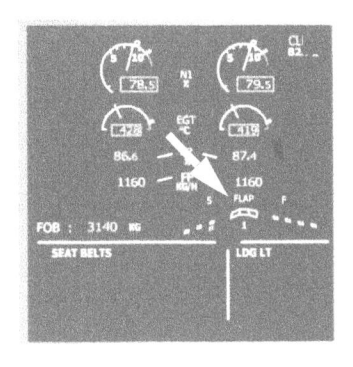

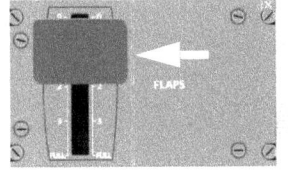

Sobald das Slat-System versucht, die Bewegung zu starten, wird das WTB aktiviert und das System löst den Master Caution-Alarm aus, der den Fehler im ECAM anzeigt. Der Pilot kann beobachten, dass unter dem Slats/Flaps-Weg die Nachricht S-LOCKED erscheint, die auf das Blockieren des Slat-Systems hinweist. Gleichzeitig erscheint im Fehlerabschnitt des ECAM die Fehlermeldung für die Slats/Flaps zusammen mit der Ursache, in diesem Fall der Aktivierung des WTB, jedoch ohne dass eine Aktion von den Piloten erforderlich ist.

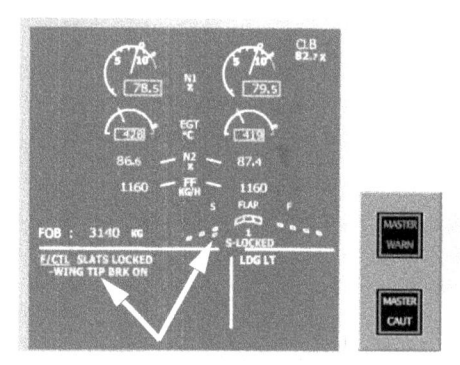

Nachdem der Fehler gelesen wurde, löscht der PM das ECAM und die STATUS-Seite erscheint, die das Anflugverfahren mit den zu erfüllenden Punkten detailliert. SLATS wird in der rechten Spalte angezeigt. Zudem bleibt die S-LOCKED-Information im ECAM sichtbar, um die Piloten bis zum Ende des Fluges weiterhin zu informieren.

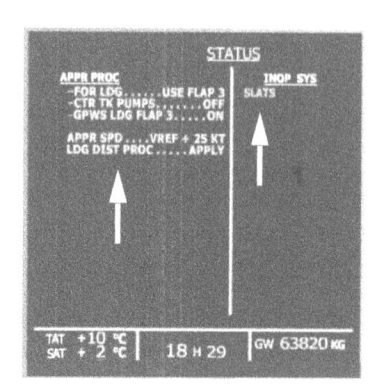

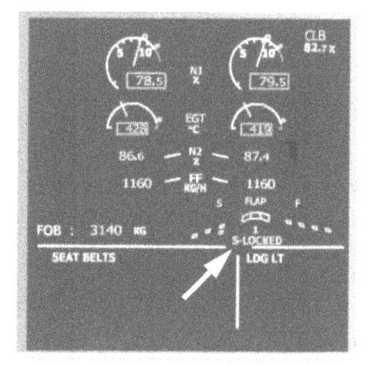